モデルみたいに
かわいくなれる
B

めちゃカワ
MAX!!

JN020804

もくじ CO

30日でステキに変身！
モデルのヒミツLesson♥

NTENTS

本書は『めちゃカワ MAX!! モデルがヒミツにしたがる!? おしゃれの正解30』
（2022年3月25日初版発行）に新原稿を加え、再編集し、改題したものです。

自分をもっと好きになる！
おしゃれ度UP特別 *Lesson* ❤

ガーリー

ポップ

特別
ふろく

ファッションきほん用語辞典

登場人物紹介

シフォン
「かわいい」の妖精で、おしゃれを司る。「女の子はみーんなかわいい」がモットー♥

アヤメ
小学5年生の女の子。モデルみたいになりたい気持ちはあるけど、自分に自信をもてないでいる。

ローズ
「キレイ」の妖精で、美容を司る。昔肌荒れに悩んで、この世の美容という美容を研究した。

プラム
「ハートケア」の妖精で、マナーやふるまいを司る。「美しさは内面からにじみ出る」が口ぐせ。

この本の使い方

この本には、あなたが今よりもっと自分を好きになるための情報が
た〜っぷり詰まっているの♡　本のポイントと読み進め方を紹介するよ♪

ポイント1　30日でステキになれるヒミツのLesson♥

30日間で、"モデルみたいにかわいくなれる"30のヒミツをお勉強しちゃおう！　1日4ページで、30日後には今まででいちばんステキなあなたになっているはず♡　もちろん、早く次のヒミツを知りたい子は、どんどん読み進めてOK♪

1日4ページで完了するよ！

ポイント2　特別Lessonでもっとおしゃれに♡

157ページからは、特別Lesson！　みんなが知りたい、シェイプUP、ヘアアレンジ、ネイルアートの実践テクをまるっと紹介しちゃうよ♪

ポイント3　用語辞典でおさらいも♡

巻末には、ファッション用語辞典がついているよ。本書や、ファッション誌を読んでいてわからない言葉があったら、用語辞典を見ればバッチリわかるはず♪

エクササイズ！

ネイルアート☆

ヘアアレ♡

BASIC
ファッション
きほん
用語辞典
GLOSSARY

30日でステキに変身！

モデルのヒミツLesson♥

いよいよ、30のヒミツのLessonだよ♪
1日4ページ、10分くらいで読み終わるから、
毎日この本を開いてお勉強してほしいな♥
30日後、今よりもっとミリョク的な
あなたに出会えるはず……！

おしゃれの基本
/// DAY 1～5 ///

テイスト＆着まわし
/// DAY 6～10 ///

シェイプUP
/// DAY 11～15 ///

スキンケア、ボディケア
/// DAY 16～20 ///

ヘアアレンジ
/// DAY 21～25 ///

ふるまい、マナー
/// DAY 26～30 ///

おしゃれの基本を覚えよう

そもそも「おしゃれな子」ってどんな子だと思う？　モデルみたいにセンス◎な子になるための、おしゃれの基本を紹介するよ☆

覚えておきたい基本のファッション用語

コーデ

洋服やアイテムを組み合わせて着ることを、コーディネート──略してコーデというよ。

小物

バッグや帽子、ソックスなど、洋服以外のアイテムのことだよ。

ボトムス

下半身に身につけるアイテムのことで、ジーンズやスカートなどが当てはまるよ。

シューズ

スニーカーやブーツ、サンダルなど、くつのことだよ。ソックスと合わせてコーデを考えよう！

アウター

コートやジャケットなど、トップスの上にはおるアイテムのこと。

トップス

上半身に身につけるアイテムのことで、Tシャツやニット、ブラウスなどが当てはまるよ。

ワンピース

ワンピースは、トップスとスカートがつながった服のこと！　1枚でバランスのよいコーデが完成するの♡

もんだい！

「おしゃれな子」って どんな子だと思う？

あなたが「おしゃれだな」って思う子を思い浮かべてみて。身につけているアイテムのバランスがよくて、自分に似合う服をわかっていて、トレンドを上手に取り入れている……。つまりおしゃれな子＝「コーデが上手な子」ってこと！たくさん服を持っていても、適当に組み合わせると、ちぐはぐなコーデになっちゃうの。コーデのポイントをおさえて、おしゃれレベルを UP しよう♡

答え 「おしゃれな子」＝コーデが上手な子！

コーデのコツ 4

1 色のバランスを整える
16 ページへ

2 柄を上手に取り入れる
20 ページへ

ここで紹介したコーデのコツは、5日目までに学べるみたい♪

3 季節に合った着こなしに
24 ページへ

4 シルエットを意識する
28 ページへ

13

おしゃれになるために マスターすべき大事なことは？

　おしゃれを目指すには、何よりも自分に合う、コーデしやすい服を手に入れることが大切！　おこづかいも決まっているし、ほしい服をぜーんぶ買うわけにはいかないよね？　ここで紹介する３つのオキテをおさえれば、買いものの失敗がグッと減って、本当にコーデに役立つアイテムをそろえられるよ♡

「答え」 買いものマスターになれば、 コーデもレベルUP！

オキテ1 買いものの前に きちんと準備する

こういう失敗、あるあるだー！ 今度からは、出発前に 絶対チェックしなきゃ！

　「サイズが合わない」「手持ちの服とコーデしにくい」「予算オーバー」「似たような服をまた買っちゃった」など……。買いものでよくある失敗は、準備不足や勢いで買っちゃうのが原因。買いものに出かける前に、次のチェックポイントを確認しよう！

出発前にチェック！

★クローゼットを確認！ オーケー？OK? ☑
出発前に手持ちの服を確認すると、似た服を買ったり、コーデしにくい服を買う心配がグッと減るよ！

★今日の予算を確認！ オーケー？OK? ☑
予算を決めないと、買いすぎちゃう可能性大。使える金額が決まっていると、慎重に選べるようになるはず☆

★絶対にほしいアイテムは？ オーケー？OK? ☑
今日絶対買うもの、できれば買うもの……など、ほしいアイテムの優先順位を決めよう！

★買いものルートを考えよう オーケー？OK? ☑
適当にショップをまわるのも楽しいけど、ルートを決めておくと、迷わずに買いものできちゃうよ♪

いざ出発！！

迷ったときは、一度ショップを出て別のお店に行くと◎。時間をおいてみて、本当にほしいか冷静に考えてみよう！

オキテ2 本当に必要かどうか見きわめる

買いものに行くと、どれもかわいくてほしくなっちゃうよね。でも、予算もあるし、全部買うのはむずかしいもの。「ほしい！」と思っても、冷静＆慎重に！　本当に必要かどうか、しっかり見きわめよう☆

見きわめるコツ3

いつ着る服か想像してみよう

通学、休日、特別な日など、どんなときに着られるか考えてみよう。シーンや時期が限定される服は、あまり活やくしないかも!?

家にある服とのコーデを考えよう

単体ではかわいい服でも、手持ちのアイテムとコーデしにくい場合は買わないほうがいいかも。3コーデ以上思い浮かぶかが目安！

ほかの人にアドバイスをもらおう

店員さんは洋服のプロ！どんな服に合わせられるか、アドバイスをもらおう。おうちの人や友だちに意見を求めてもいいね☆

オキテ3 かならず試着する

どんなに気に入った服でも、すぐに購入するのはNG。サイズが合わなかったり、想像していた雰囲気にならないこともあるから、かならず試着しよう。もちろん、試着したからといって、絶対に買わなきゃいけないわけではないよ。気に入らなかったり、迷ったりしたら「もう少し考えてみます」と言って店員さんに返却すればOK。

1日目はここまで！　ファッションの基本用語や、「おしゃれな子」になるために何を目指せばいいか、買いもの上手になるためのオキテなどを学べたね♪

マスターした日

月　日

おしゃれ Lv.1

色のバランスを整えよう

なりたいイメージに近づくためには、アイテムの「色」のバランスを整えることが大切。色の使い方をマスターしよう☆

もんだい！

「色のバランスがいいコーデ」ってどういうもの？

同じデザインでも、色によって印象は変わるもの。たとえば、同じロゴのTシャツでも、黒ならクールでカッコいい印象だし、黄色なら元気で明るい印象だよね。こんな風に、色には、それぞれがもつ「イメージ」があるんだ。色のバランスがいいコーデとは、それぞれの色がもつイメージを知って、上手に組み合わせること。こんなふうに色と色を組み合わせることを、「配色」というんだよ。

答え 色がもつイメージを知って、上手に配色する！

ギモン解決！

Q 黄色が好きなんだけど、コーデはカッコいい雰囲気にしたい……。好きな色の服をイメージ通りに着るにはどうすればいい？

A もちろん、好きな色の服を着るのがいちばんだよ！ 黄色い服でも、ロゴやデザイン、組み合わせるほかのアイテムの色しだいで、クールに着こなせるもの。ここで紹介する色のイメージは、あくまで単色で使った場合だと考えてね♪

コーデに色を取り入れる3つのコツ

コツ1 色がもつイメージを知る

色は、あたたかいイメージの「暖色」と、すずしいイメージの「寒色」の大きく2つに分かれるの。色のイメージを知るうえで、まずこの大きなくくりを知っておくと◎。黒と白はどちらにも属さない色で、どんな色にでも合う「万能カラー」だよ。

暖色	寒色
赤　黄	青　緑
ピンク　オレンジ	ネイビー
など	など

人気カラー10色のイメージ

万能カラーのひとつ。コーデを引きしめて、クールでカッコいい印象にしてくれるよ。

万能カラーのひとつだよ。大人っぽい服にもかわいい服にも合わせやすいさわやかな色♡

インパクトがあって、力強い印象のカラー。元気なコーデにしたいときにぴったりだよ☆

クールにまとめたいときや、さわやかに決めたいときにイチオシのカラーだよ♪

元気で明るく、スポーティーな色だよ。遠くから見たときにすごーく目立つの!

植物をイメージする、いやしのカラーだよ。見ているだけでリラックスできちゃうかも!?

かわいさ満点のキュートなカラー♡　ふんわり＆かわいい印象にしたいときにぴったりだよ!

大人っぽくてリッチなイメージだよ。むらさき色の服を着ると、少しお姉さんに見えるかも。

落ちついた印象の色だよ。土の色に近いことから、アース（地球）カラーともよばれているの。

明るくて元気なイメージのカラー。取り入れると、ポジティブな気持ちになれちゃうかも♪

コツ 2　3色くらいでコーデすると まとまりやすい！

　コーデするとき、色をたくさん使いすぎるとごちゃごちゃした印象になっちゃうよ。まずは、いちばんたくさん使う色「メインカラー」を1色選んでみよう。17ページの色のイメージをもとに考えるといいかも♪　メインカラーが決まったら、それに合う色を2色くらい選んで組み合わせてみてね♡

配色のポイント

トーンにメリハリをつける

青×水色×ネイビーなどのように同系色でまとめすぎると、メリハリがなくてぼんやりした印象になっちゃうの。万能カラーを取り入れたり、アクセントになるパキッとした色を入れると、コーデがグッとしまるよ♡

白 ＋ グレー ＋ ベージュ
ちょっとぼんやりしちゃう？

白 ＋ グレー ＋ 黄
コーデがグッとしまる！

組み合わせで雰囲気は変わる

たとえば、パステルカラー中心なら甘い印象になるし、ビビッドカラーでまとめると、ハデでポップな雰囲気になるの。同系色＋万能カラーでまとめたり、まったく違う色みを組み合わせたり、いろいろなコーデを楽しんでみて♪

黄 ＋ ピンク ＋ 黄緑 ＝ 甘め

オレンジ ＋ 青 ＋ 黄 ＝ ポップ

エンジ ＋ 白 ＋ ペールブルー ＝ 大人っぽ

コツ3 小物をアクセントカラーに！

メインカラーとはちがうトーンの色をポイント使いすると、コーデにメリハリが生まれるよ。このように、ポイントで使う色を「アクセントカラー」というの。アクセントカラーは、名前の通りコーデに"ちょい足し"したい色。おすすめは、小物で投入すること！　コーデには使いにくいハデな色にも挑戦できちゃうよ☆

Point

ラテカラーのガーリーコーデに水色のベレー帽を投入して、ちょっぴり大人っぽく♡

ショッキングピンクのショルダーバッグでハデに☆

ガーリーなコーデは水色のベレー帽でレディに♡

ベージュ
＋
白
＋
水色

白
＋
黒
＋
ピンク

Point

スポーティーなコーデには、おハデな色のバッグを投入！　グッとはなやかになるの♪

色は、コーデの主役になるもの♥　色がもつイメージを知って上手に組み合わせられるようになると、「なりたい自分」をまわりにアピールできるようになるの！

マスターした日

　　月　　日

おしゃれ Lv.2

柄を上手に取り入れよう

柄もののアイテムは、1枚でおしゃれさんになれるセンス UP アイテム。
「合わせるのがむずかしそう……」って思わず、ぜひ挑戦してみて☆

もんだい！

「柄コーデ」を失敗しないためにはどうすればいい？

柄には、「元気な印象」「大人っぽい印象」「夏っぽくなる」「冬にぴったり」など、さまざまな性質があるもの。まずは、柄がもつイメージを知ることが大切！　自分がどんな印象になりたいかを決めて柄を選べるようになると、コーデの幅が広がるよ♪　また、外で遊ぶ日と式典などのイベントでは、ふさわしい服が変わるもの。今日の予定に合わせてどんな柄がマッチするかも考えてみてね♪

答え　柄の性質を知って、コーデに投入する！

キモン解決！

TALK ROOM

Q 今まで、柄ものを買ったことがなくて……。
最初に挑戦するならどの柄がおすすめかな？

A 好きな柄でOK！　……とはいえ、柄の種類が多くてむずかしいよね。シンプルなチェック柄やボーダー柄は、コーデを選ばずに着られるから初心者にはいいかも♪　あとは、自分の好きなテイスト（36ページ）に合う柄を選んでも◎！

コーデに柄を取り入れる 3つのコツ

コツ1 さまざまな種類の柄を知る

柄は特別ふろくでも たくさん紹介されているよ。 チェックしてみよー！

ファッション誌を見ていると、それぞれの季節にふさわしい柄があるのがわかるはず。ここでは、数えきれないほどたくさんの種類がある柄のなかから、ＪＳに人気の代表的な柄の特徴とそれぞれのイメージを紹介するよ☆

チェック
#カジュアル　#種類が多い
親しみやすい雰囲気。ギンガム、アーガイルなど、種類が多いのも特徴だよ。

ドット
#ポップ　#元気
楽しい雰囲気になるよ。丸いドットが基本だけど、星型やハート型のドットも！

ストライプ
#すっきり　#大人っぽ
しま模様のことだよ。一般的には縦しまをストライプ、横しまをボーダーというよ。

アニマル
#個性的　#ワイルド
動物の毛皮のような柄だよ。レオパ柄、ゼブラ柄など、種類がいろいろあるんだ。

花
#ガーリー　#かわいい
キュートでかわいい印象♡花の種類によって、イメージされる季節感が変わるよ。

タイダイ
#さわやか　#夏っぽ
「しぼり染め」のような、ランダムな柄。イマドキ＆夏っぽい印象になるよ♪

ボタニカル
#すずしげ　#夏っぽ
草をモチーフにした柄だよ。とくに夏アイテムによく使われる柄なんだ。

カモフラ（迷彩）
#カッコいい　#秋っぽ
いわゆる迷彩柄のこと！ミリタリーっぽい、カッコいいコーデになるよ☆

ノルディック
#カジュアル　#冬っぽ
トナカイや雪の結晶などをモチーフにしていて、冬にイチオシの柄なんだ♪

柄は1点投入からスタート！

無地のアイテムは
どんなアイテムとも
合わせやすいんだね★

なりたいイメージ＆取り入れたい柄が
決まったら、いよいよコーデしていくよ。
いきなり柄と柄を組み合わせるのはむず
かしいから、まずは失敗しにくい、柄×
無地の組み合わせに挑戦してみよう！

星が散らばったスカートではなやか×かわいくおまとめ♡

花柄トップス

ガーリーな花柄とプリーツス
カートを合わせた、キュートな
コーデが完成☆

ドット柄パーカー

サッとはおるだけで、
コーデが一気に明るく
はなやかになるね♪

Point

星のドット柄スカートが
主役☆ 無地のTシャ
ツを合わせることで、
スカートをグッと引き立
たせました♡

無地トップス
×
ドット柄スカート

アニマル柄リュック

柄ものは小物で投入す
るのも◎。レオパ柄の
リュックで、グッと個性
的になるよ☆

コツ③ 柄×柄は上級者さん向け！

柄と柄を組み合わせるコーデは、無地コーデに柄ものを1点投入するよりむずかしいよ。でも、上手に着こなせれば、コーデに個性が出るし、おしゃれレベルもUP♪　ちぐはぐにならないようにするポイントは、色や雰囲気を合わせたり、柄をポイント使いすること！

1点はモノトーンにしてみる

カラフルな柄ものを組み合わせるのはむずかしいもの。1点はモノトーンアイテムにすると、ちぐはぐになりにくいんだ。モノトーンの柄アウターは、どんな柄のインナーにも合わせやすいからおすすめだよ♪

グレンチェックのコートで大人カジュアルに★

柄をポイント使いしたアイテムはコーデしやすい！

全体に柄が入っているアイテムを「総柄」というよ。総柄×総柄はむずかしいから、1点は総柄、もう1点は柄をポイント使いしたアイテムにすると◎。

ノルディック柄ニットで一気に冬っぽく！

全身のトーンを統一すると

全身の色合いや雰囲気を統一するとコーデがまとまるよ♪　たとえば、「ガーリーに」「カッコよく」など、コーデのテーマを決めてね。テイストもチェック！

ガーリーなドットTはジャンスカでよりかわいく♥

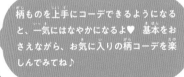

柄ものを上手にコーデできるようになると、一気にはなやかになるよ♥　基本をおさえながら、お気に入りの柄コーデを楽しんでみてね♪

マスターした日

月　日

おしゃれ Lv.3

季節に合った
着こなしを心がけよう

色や柄のルールは守っているはずなのに、なんだかちぐはぐな印象……。
その原因は、もしかしたら「季節感」にあるのかも！

もんだい！

8月のある日のコーデ。
ちょっぴり違和感があるのはどうして？

コーデ自体はかわいいんだけど、ニット帽をかぶっていたり、バッグがあたたかみのあるボア素材だったりして、真夏のコーデにしては「暑苦しい」イメージをもたれちゃうかも。3日目の柄のお勉強で、「柄には季節感がある」って習ったよね。アイテムは、柄や素材、デザインなどによって、それぞれもち合わせているイメージがあるんだよ。

答え アイテムの柄や素材が、
夏という季節に合っていないから！

季節に合ったコーデのコツ

色や柄の
性質を
おさえる！

素材感に
注目する！

季節ごとに
マッチする
アイテムを知る！

春夏秋冬コーデのポイント

春 軽やかなパステルカラーで気分も明るく♪

春のおすすめは、なんといっても軽やか＆さわやかな印象のパステルカラーアイテム！　1点投入するだけでグッと春っぽくなるの♡　あたたかくておでかけにぴったりな季節だから、小物はスニーカーやリュックがイチオシ！　軽やかなコーデで、いろいろな場所に出かけちゃおう☆

色	柄
・パステルカラー	・ギンガムチェック

素材	小物
・チュールレース	・スニーカー ・リュック

夏 すずしげ＆さわやかさを意識して、アクティブに☆

アウターが不要になる夏は、ハデめなアイテムではじけたいところ！　ビビッドカラーのアイテムでポップに決めちゃお☆すずしげなシャーベットカラーや、マリンテイスト（44ページ）のコーデもおすすめだよ。透明なクリア素材や、ストロー（麦わら）アイテムも夏っぽくてGOOD！

色	柄
・ビビッドカラー ・シャーベットカラー	・タイダイ柄 ・ボーダー柄（マリン）

素材	小物
・クリア ・ストロー	・サンダル ・クリアバッグ

こっくりカラー投入で
大人っぽさをプッシュしよう！

これから冬に向かっていく秋は、パステルカラーとは反対の、くすみカラーを中心にコーデすると◎。柄は、チェック柄がイチオシ！　とくに、タータンチェックやアーガイルチェックは、秋〜冬にぴったりだよ♪　アニマル柄もおすすめ。足もとは、ブーツを取り入れて大人っぽく！

色	柄
・くすみカラー	・タータンチェック ・アニマル柄

素材	小物
・レザー	・ショートブーツ ・ベレー帽

 ファーやボアなど
冬っぽ素材を盛りこんで♡

冬のテーマは、ずばり防寒！　ボア素材やファー素材、ニットなど、あたたかいアイテムを着こなそう。体を冷やすのは、健康にもよくないよ！　色みは、秋よりももっと深いダークカラーや、レトロなラテカラーがイチオシ♡　ニット帽やマフラーなど、冬ならではのアイテムもたくさんあるから、小物コーデも楽しんで♪

色	柄
・ダークカラー ・ラテカラー	・ノルディック ・グレンチェック

素材	小物
・ツイード ・ボア、ファー	・ブーツ ・ニット帽、 　マフラー

これらをちょっと意識するだけでも、コーデに季節感が出るよ♪
それじゃあ、具体的に季節ごとのコーデを見ていこう〜！

季節に合ったコーデ

春

フリルつきのそでが春っぽくて軽やか♡

Point

パステルカラー×フリルの、アクティブなガーリーコーデ♡ スニーカーとリュックで、おでかけにも◎！

夏

肩あきトップスで肌をチラ見せしてヘルシーに☆

Point

肩あきトップス、クリアバッグ、サンダルと、夏っぽアイテムを盛りこんだよ☆ キャップで日焼け対策もバッチリ。

秋

ジャケット×スカートで脱コドモに成功♪

Point

大人っぽいチェック柄スカートには、かっちりジャケットをセット☆ ベレー帽で秋っぽさも100点満点です♡

冬

ボア素材のアウターであったかカジュアルに♡

Point

冬っぽ柄のニットと、ボア素材のアウターで防寒対策は完ぺき☆ ニット帽とロングブーツで冬っぽさをプラス。

このページで紹介したコーデは、パッと見ただけで「春っぽい」「冬のコーデ！」ってわかるよね？ ぜひ、季節ごとのコーデを楽しんでほしいな♡

マスターした日

月　日

おしゃれ Lv.4

Day 5 シルエットを意識して お悩み解決！

「背が低い」「ぽっちゃりしている」など、体型の悩みは尽きないもの。
コーデでそんなお悩みを解決するテクを紹介するよ☆

もんだい！

体型のお悩みを コーデで解決するには？

　お悩みを解決するカギは、「シルエット」を意識すること！　シルエットとは、洋服を使って全身の"ライン"をつくることだよ。シルエットはいくつかあるけれど、まずは３つ覚えればOK！　それぞれのシルエットの特徴を知って、「脚をほっそり見せたいから○○のシルエットにしよう」なんて考えられるようになると、理想のスタイルにグッと近づけられるの♪　また、それぞれのお悩みごとの解決ポイントをおさえて、それを取り入れることも重要だよ☆

答え　シルエットを意識＆ お悩みごとのコーデの ポイントをおさえる！

３つのラインと、
お悩み解決ポイントを
右ページから紹介していくよ〜！
しっかりチェックしてね★

28

ガーリーな雰囲気になれる♥

Aライン

上半身はすっきりめ、下半身はふんわりとしたラインにする、アルファベットの「A」のようなすそ広がりのシルエット。やさしくてガーリーな印象になるよ☆

上半身はすっきりしたシルエットに。首や手首は出すと◎。

下半身はボリューミーに。ふんわり広がるスカートがイチオシ！

こんな悩みにぴったり！

★脚の太さをカバーしたい

★背が高すぎるような気がする

★男の子っぽく見られがち

お悩み解決ポイント

脚が太めく

Aラインなら、気になる下半身をかくせちゃう！ さらに、黒タイツで引きしめると◎。ヒールのあるくつをはいて、高さを出すのもおすすめだよ！

背が高すぎるく

ガタイがよく見えちゃうなど、悩んでいる子も多いみたい。上半身は無地に、下半身に柄もののスカートをもってくると、目線を下げることができるよ☆

男の子っぽいく

Aラインシルエットでガーリー見せを叶えて♡ トップスは寒色でも、下半身にボリュームのあるスカートをもってきて、小物にパステルカラーを投入すると◎。

I ライン

アルファベットの「I」のように、タイトな服を着て、全身を細く長く見せるシルエット。スタイリッシュで大人っぽい印象になるよ☆ 縦長効果がばつぐんなシルエットなの！

こんな悩みにぴったり！

★ぽっちゃりしている
★背をもう少し高く見せたい
★脚長に見せたい

すとんとしたラインのガウンなどで、縦長効果をさらにUPできる！

ボトムスはタイトなデニムなどが◎。グッと脚やせして見えるよ☆

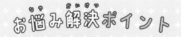
お悩み解決ポイント

ぽっちゃりしている

足首や手首など、体のなかでも細いパーツをチラ見せしよう！ Iラインシルエットに加え、体を長く＆細く見せてくれるストライプ柄のアイテムもイチオシ☆

背が低い

縦長効果ばつぐんのIラインシルエットなら、グッと高見え♡ トップスやヘアアクセを明るめの色にして、上半身に目がいくようにするとさらに◎だよ♪

脚長に見せたい

タイトなシルエットのパンツで細見せしたり、黒のタイツやニーハイソックスで脚をキュッと引きしめてみて。ヒールのあるくつをはくのもおすすめ！

ラフ&カジュアルに決まる！

V ライン

アルファベットの「V」のように、上半身にボリュームをつくって、下半身はすっきりさせたシルエット。ラフでカジュアルな印象になるの☆

トップスにボリュームがあるアイテムをもってこよう！

ワンピースなどで思いきって脚を出すか、タイトなボトムスが◎。

こんな悩みにぴったり！

★おなかがぼっこり出ている

★顔が大きい気がする

★なで肩orやせすぎが気になる

お悩み解決ポイント

おなかが ぼっこり

ボリュームのあるトップスなら、気になるおなかもかくせちゃう☆ 脚を出してタイトにすることで、全身がすっきり見えるの！

顔が大きめ

首まわりはすっきりさせたほうが◎。また、長めのネックレスをつけると、視線を顔から散らせるよ。ハデ柄のボトムスもおすすめ！

なで肩 やせすぎ

暖色トップスで、上半身をふんわり見せ。肩まわりにポイントがくるパフスリーブや、ロング丈スカートもやせすぎをカバーできるよ☆

お悩みは、コーデしだいで解決できちゃうって伝わったかな？ これで、おしゃれの基本は終わり！ 次のページのテストに挑戦して、しっかり復習してね♪

マスターした日

月　日

おしゃれ Lv.5

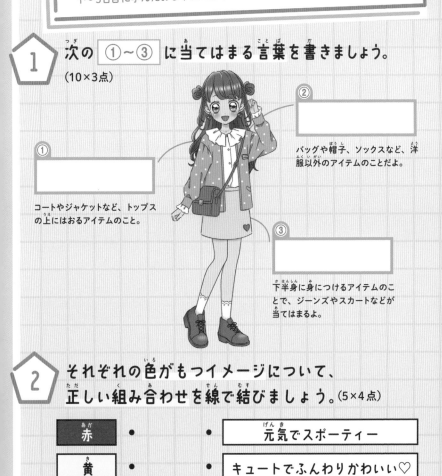

Test challenge!!
おさらいテストに挑戦
1〜5日目に学んだおしゃれの基本が身についているかチェックするよ！

1 次の ①〜③ に当てはまる言葉を書きましょう。
（10×3点）

②
バッグや帽子、ソックスなど、洋服以外のアイテムのことだよ。

①
コートやジャケットなど、トップスの上にはおるアイテムのこと。

③
下半身に身につけるアイテムのことで、ジーンズやスカートなどが当てはまるよ。

2 それぞれの色がもつイメージについて、正しい組み合わせを線で結びましょう。（5×4点）

赤	●	●	元気でスポーティー
黄	●	●	キュートでふんわりかわいい♡
ピンク	●	●	インパクト大で力強い！
むらさき	●	●	大人っぽくてリッチ☆

3 代表的な柄の名前を書きましょう。
(6×5点)

① _____

② _____

③ _____

④ _____

⑤ _____

4 ( )の言葉で、正しいほうを〇で囲みましょう。
(5×4点)

理想のラインに見えるように、

洋服を使って全身のラインを

つくることを（シルエット・コーデ）

といいます。右の絵は

（I ライン・V ライン）です。

（背が高い・脚長に見せたい）人に

とくにおすすめのシルエットで、

（ガーリーな・大人っぽい）

印象になります。

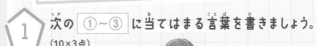

Test challenge!!
おさらいテストに挑戦
1〜5日目に学んだおしゃれの基本が身についているかチェックするよ!

1 次の ①〜③ に当てはまる言葉を書きましょう。
(10×3点)

② **小物**
バッグや帽子、ソックスなど、洋服以外のアイテムのことだよ。

① **アウター**
コートやジャケットなど、トップスの上にはおるアイテムのこと。

③ **ボトムス**
下半身に身につけるアイテムのことで、ジーンズやスカートなどが当てはまるよ。

2 それぞれの色がもつイメージについて、正しい組み合わせを線で結びましょう。(5×4点)

赤	元気でスポーティー
黄	キュートでふんわりかわいい♡
ピンク	インパクト大で力強い!
むらさき	大人っぽくてリッチ☆

\\このテストは100点満点だよ♪//

点数を計算して、右の□の中に記入してね!

点

代表的な柄の名前を書きましょう。
（6×5点）

 ① チェック
 ② アニマル
 ③ タイダイ

 ④ カモフラ
 ⑤ ノルディック

4 （　　）の言葉で、正しいほうを〇で囲みましょう。
（5×4点）

理想のラインに見えるように、
洋服を使って全身のラインを
つくることを（シルエット・コーデ）
といいます。右の絵は
（Ｉライン　Ｖライン）です。
（背が高い　脚長に見せたい）人に
とくにおすすめのシルエットで、
（ガーリーな　大人っぽい）
印象になります。

 70点以下の子は、次に進む前にまちがえたところを復習してみて！

90点以上
おめでとう♡　あなたはファッションの基本はバッチリなおしゃれ上級者さんだよ♪

70点以上
おしゃれの基本をマスターするまではあと少し。まちがえたところを復習しよう！

69点以下
もしかすると、うろ覚えのファッション用語があるかも？　基本をもう一度勉強してみてね。

コーデの「テイスト」を マスターしよう

おしゃれの基本はしっかりおさえられたかな？　ここからは、コーデを
さらにアップデートする、「テイスト」について学んでいこう☆

もんだい！

ある日の2人のコーデ。 どちらがまとまっていると思う？

Ⓐ　Ⓑ

2人のコーデをくらべてみると、Ⓐの子は
リボンアクセやフリルブラウスなど、全体的
に「ガーリー」なアイテムを上手に組み合わ
せてコーデしているね。対するⒷの子は、カ
ジュアルな帽子にガーリーなトップス、ポッ
プなスカートと、雰囲気がバラバラなアイテ
ムを組み合わせているの。この場合、雰囲
気を統一しているⒶの子のほうが、コーデ
にまとまりがあるといえるんだ。

答え

アイテムの雰囲気が統一
されたⒶのコーデのほうが
まとまっている！

Ⓑの子のコーデがイマイチというわけではなく、
「どちらがまとまっているか」をくらべたとき、
Ⓐの子のほうがまとまっている
ということだよ♪

テイスト＝なりたい自分のイメージ！

左ページで、△の子は全体的に「ガーリー」なアイテムで統一していると説明したよね。アイテムにはほかにも、「カラフルで元気＝ポップ」「大人っぽくてカッコいい＝クール」など、それぞれイメージがあるの。こんなふうに、服をイメージ別に分けたものを「テイスト」というよ☆ アイテムのテイストを統一することで、コーデがまとまるし、「こんな風になりたい！」というイメージに近づくことができるんだ♪

Cute♡
or
Cool?

すごーい！
テイストをマスターすれば、
一気におしゃれ上級者になれそう♪

テイストを意識すると…

コーデに統一感が出ておしゃ見え！

トップスやボトムス、小物など、アイテムのテイストを合わせると、コーデに統一感が出ておしゃ見え♡

買いもののとき悩まなくていい！

テイストを知ることで、どんなアイテムを手に入れればいいか明確になるの。買いもので迷わなくなるよ♪

クローゼットが整理できる！

クローゼットを整理する基準ができるよ。目指すテイストとはちがうアイテムは、この先あまり着ないかも？

なりたい自分のイメージに近づく！

大人っぽく見せたいとか、カラフルに、ハデに決めたいとか……。コーデから、自分がなりたいイメージに近づけるよ♪

おすすめテイスト診断

あなたにぴったりのテイストを診断！
Q1 からスタートして、「はい」か「いいえ」を選んでね♪

Q1
黒やむらさきより
黄色やピンクが
好き♡

はい　➡　**Q2** へ
いいえ　➡　**Q3** へ

Q2
やさしい色みの
パステルカラーが
好き！

はい　➡　**Q7** へ
いいえ　➡　**Q4** へ

Q3
タイトな服より
ゆったりした服を
選ぶことが多い

はい　➡　**Q8** へ
いいえ　➡　**Q6** へ

Q4
柄やロゴ入りの
アイテムが
好き！

はい　➡　**Q5** へ
いいえ　➡　**Q8** へ

Q5
冬よりも
夏のほうが
好き！

はい　➡　**ポップ**
いいえ　➡　**Q7** へ

Q6
まわりから
大人っぽい
と言われる

はい　➡　**Q9** へ
いいえ　➡　**Q8** へ

Q7
フリルやレースが
ついた服を
3着以上持っている

はい　➡　**ガーリー** へ
いいえ　➡　**Q6** へ

Q8
家にいるより
外で遊びたい！

はい　➡　**スポーティー** へ
いいえ　➡　**カジュアル** へ

Q9
シフォン素材や
リボンが
好き♡

はい　➡　**姫っぽ** へ
いいえ　➡　**クール** へ

結果発表

ここで診断したのは、あくまで目安と考えてね♪
コーデを実際に見て、自分がビビビッとくる
テイストを選んで着るのがいちばんなんだから♥

ガーリー

テイストのあなたは…

フリルやレースなどの乙女ちっくなモチー
フにときめいちゃうあなたは、甘くキュー
トなガーリーテイストがマッチ♡

→ 41 ページへ

ポップ

テイストのあなたは…

元気いっぱいなあなたは、カラフルなア
イテムやハデな柄ものを取り入れたポッ
プテイストがおすすめだよ☆

→ 41 ページへ

カジュアル

テイストのあなたは…

ナチュラルな雰囲気が好きなあなたに
は、ラフ&シンプルな、ほっこりかわい
いカジュアルテイストがベストマッチ！

→ 42 ページへ

クール

テイストのあなたは…

大人っぽくてカッコいいあなたには、
ちょっぴりセクシーなクールテイストが合
いそう☆　まわりの視線もクギヅケ!?

→ 42 ページへ

スポーティー

テイストのあなたは…

外で遊ぶのが大好き！　動きやすさを重
視したいあなたは、スポーティーテイスト
で元気に決めちゃお♪

→ 43 ページへ

姉っぽ

テイストのあなたは…

大人っぽさと女の子っぽさ、両方取り
入れたいというよくばりなあなたには、
姉っぽテイストがイチオシだよ♡

→ 43 ページへ

「テイスト」の基本を学べたかな？　明日
からは、ここで診断した定番テイストの具
体的なコーデのやり方を学んでいくよ★
今日のこの結果を覚えておいてね！

マスターした日

月　日

おしゃれ Lv.6

JSの定番テイストを覚えよう

ここからは、さまざまなテイストを解説していくよ☆　まずは、38〜39ページでも診断した、「定番テイスト」を6つ紹介！

もんだい！

ガーリー、カジュアル、ポップ。いちばん甘いテイストはどれ？

テイストの種類は数えきれないくらいあるもの。そもそも、トレンドによって毎年新しいテイストが登場するから、全部覚えようとするのはむずかしいんだ。まずは「定番」とよばれる、ガーリー、ポップ、カジュアル、クール、スポーティー、姉っぽの6つのテイストを覚えよう☆　ちなみに、「もんだい」の答えはガーリー。乙女ちっくでキュートさ満点の、甘〜いテイストだよ♡

答え　ガーリーは甘くてキュートなミリョク満点♡

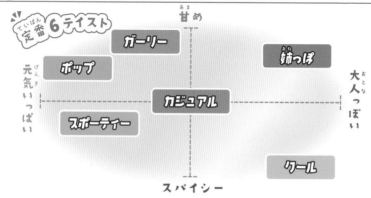

定番6テイスト

甘め

ガーリー		姉っぽ
ポップ		
元気いっぱい	カジュアル	大人っぽい
スポーティー		
		クール

スパイシー

ガーリー

ふんわり甘あま♡「乙女ちっく」なコーデ

　ガーリーは、日本語で「乙女ちっく」という意味をもつ言葉。人によって「乙女ちっく」のイメージは少しずつちがうけれど、基本的にはフリルやパステルカラー、リボン、花柄、チュールレースなど、キュートなモチーフを詰めこんだコーデだよ♡

ピンクのワンピース×白シャツの王道ガーリー♡

ホワイトショーパンでハデなコーデもバランス◎

ポップ

カラフルでハデな元気い〜っぱいのテイスト

　ビタミンカラーやビビッドカラー、ネオンカラーなどのハデな色や柄を組み合わせた、元気いっぱいコーデ☆ソックスなど、小物でもカラフルな色を取り入れよう！　強い色を組み合わせるポップコーデが上手な子は、おしゃれ上級者さんかも♪

カジュアル

ほっこり＆かわいい！
ＪＳ<small>（ジェイエス）</small>にも大人気<small>（だいにんき）</small>のテイスト

　"キメ"すぎない、ほっこりしたナチュラル＆シンプルなかわいさがミリョクなのが、カジュアルテイスト。通学<small>（つうがく）</small>コーデの定番<small>（ていばん）</small>テイストで、ＪＳ<small>（ジェイエス）</small>からの人気<small>（にんき）</small>が高<small>（たか）</small>いよ♪　カーキやブラウンなどのアースカラーや、チェック柄<small>（がら）</small>、デニムアイテムなどを取<small>（と）</small>り入<small>（い）</small>れて！

ナチュラル＆かわいいコーデを小物<small>（もの）</small>でイマドキにアップデート

パーカーをジャケットでピリリと引<small>（ひ）</small>きしめん♡

クール

ちょっぴりセクシーで
大人<small>（おとな）</small>カッコいい！

　大人<small>（おとな）</small>っぽくてカッコいい、ちょっぴりセクシーな雰囲気<small>（ふんいき）</small>のテイストで、みんなのあこがれのマトに♡　シルエットはタイト気味<small>（ぎみ）</small>に、モノトーンやむらさきをベースにまとめるとGOOD<small>（グッド）</small>！　小物<small>（こもの）</small>は、メタリック系<small>（けい）</small>やレザー素材<small>（そざい）</small>のものがイチオシだよ。

スポーティー

"スポーツ"っぽさを投入した元気いっぱいコーデ

その名の通り、スタジャンやキャップ、ロゴTやナンバーTなど、"スポーツっぽい"アイテムを投入したテイストだよ。「ヤンチャで動きやすくて、しかもおしゃれ」な、よくばりコーデ♡　足もとは動きやすいスニーカーがテッパンです♪

ロゴロンT×ジャージでカッコよく！

花柄マーメイドスカートでかわいいのに大人っぽ♡

姉っぽ

レディをイメージした大人かわいいお姉さんコーデ

ガーリーが乙女ちっくなコーデなら、姉っぽはその名の通り、大人のお姉さんっぽいテイスト♡　ハデな色や柄ものではなく、モノトーンアイテムとキレイ色アイテムを上手に着こなすよ♪　ガーリーよりも、ややタイトなシルエットにすると◎！

定番テイストの中に、お気に入りはあった？「似合わないかも」なんて気にしなくても大丈夫！　自分が着たい服を選ぶのがいちばんなんだから♥

マスターした日
月　日
おしゃれ Lv.7

43

テイストをもっと知って
おしゃれレベルをUP

定番6テイスト以外にも、テイストにはいろいろな種類があるよ☆
おしゃれなテイストをもっと知って、コーデの幅を広げちゃおう！

もんだい！

次のコーデを見て、
イメージするのはどんなこと？

赤×青×白のトリコロールカラーがポイントのコーデ。これは、水兵さんをイメージした「マリンテイスト」だよ♪　えりは水兵の制服にも採用されている「セーラーカラー（えり）」。さわやかで、海でのレジャーにベストマッチなテイストなの♡　夏にイチオシだけど、近年は春や秋にも着られる人気テイストになっているよ☆

答え　夏っぽい、海にぴったり、
　　　さわやかなイメージ……など！

マリンテイストのように、
人気が高く定番になりつつあるテイストを、
あと6つ紹介するよ〜！

スクール風スカートをスタジャンでスパイシーに！

プレッピー

学校の制服みたいなスクール風のテイスト

海外の私立高校の学生が好んだ、制服を着くずしたようなテイストだよ。Vネックのカーディガンやチェック柄スカート、ライン入りソックスなどが定番アイテム！　きちんと＆かわいく着こなして、グッドガールに変身しちゃおう☆

おせいそシャツワンピで大人っぽガールに変身♡

クラシックガーリー

おせいそガーリー！ちょっぴりレトロなテイスト

クラシックとは、「古典的」という意味をもつ言葉。その名の通り、ちょっぴりレトロな雰囲気の、きちんと感がミリョクのテイストなの♡　ラテカラーとよばれる、くすみカラーや、キレイめシルエットのワンピース、パンプスでまとめてみよう♪

ハンサム

メンズっぽいアイテムで
カッコよさをプッシュ！

　ゆるジャケットやワイドパンツなど、メンズっぽいカッコいいアイテムを投入したテイストだよ☆　ゆったりしたシルエット＆黒をキかせたコーデが特徴的。大きめリュックや、ごつごつしたくつなどを合わせると、よりハンサムに決まるの♪

MA-1（エムエーワン）にパンツを合わせたカッコよさにキュン♡

ビッグシルエットのパーカーワンピでラフに！

ストリート

路上の若者から生まれた
個性的でラフなコーデ

　ストリートは「道」のこと。路上に集まる若者たちから自然に生まれたテイストなんだ！　定番は、オーバーサイズのパーカーやスニーカーなどで、ラフにまとめたコーデ♪　コーデにカッコよさを取り入れたい子にもイチオシのテイストだよ！

ギャルちっく

ハデめなコーデで
見ているだけで元気になれる!?

ギャルといえば、明るい髪色やハデな
ファッションのイメージだよね♪ ギャル
ちっくテイストは、ハデさを取り入れた、
明るくてハッピーなテイスト♡ おへそを
ちょっぴり見せるアイテムや、ヒールのあ
るパンプスやブーツを取り入れてみよう!

チラリへそ出しで脚長効果もばっぐん♪

オルチャン

トレンドの韓国っぽさを
取り入れたテイスト

オルチャンとは、韓国語で「最高にか
わいい」を意味する言葉!「プチプラ
でトレンド感がある」テイストで、パ
ステルカラーやオーバーサイズのアイテ
ム、上半身か下半身はタイトにまとめる
のが一般的だよ♪ 帽子やメガネを合わ
せるのも GOOD !

セットアップにロングブーツを合わせてスタイルUP☆

近年人気のテイストを大はっぴょー★
トレンドのテイストは毎年アップデート
するから、ファッション誌なども参考に、
おしゃれアンテナを張っておこう!

マスターした日

月 日

おしゃれ Lv.8

テイストMIXで
おしゃれ上級者に★

今あるテイストにとらわれずに、もっと自由におしゃれを楽しみたい！
そんな子にイチオシなのが、テイストをMIXしちゃうこと☆

もんだい！
テイストMIXって何だと思う？

　7日目＆8日目（40〜47ページ）で、いろいろなテイストを学べたよね♪　でも、「もっと自由に、個性的におしゃれを楽しみたい」って子もいるんじゃないかな？　たとえば、「ガーリーテイストもかわいいけど、ポップでハデな色のアイテムも取り入れたい！」とか……。そんな子は、たくさんあるテイストをMIXさせて、新しいファッションをつくっちゃおう！テイストMIXは、おしゃれを自由に楽しむためのものなんだ♪

答え　テイストをかけ合わせておしゃれを楽しむ

テイストMIXのポイント

2つのテイストを合わせちゃおう

いきなり3つ以上のテイストをMIXすると、ちぐはぐになっちゃうかも。2種類をMIXするくらいのほうが、バランスよく個性的なコーデがつくれるよ♪

雰囲気がちがうテイストをMIX！

ガーリーと姉っぽなど、似た雰囲気のテイストを混ぜても印象は変わらない!?思いきって雰囲気がちがうテイストをMIXしちゃお！

定番×トレンドの組み合わせがGOOD

トレンド感が強いテイストを2つ組み合わせるより、定番×トレンドを合わせたほうが、まとまり感も旬っぽさもいいとこどりできるの♪

アレンジ例を6パターン紹介！いろいろな組み合わせに挑戦してみたいな〜★

テイストMIXのアレンジ例

ガーリーな色を投入して かわいい×元気のコーデに♪

ガーリー × スポーティー

全体的にはスポーティーにまとめつつ、ボーダートップスはピンク×白のガーリーな色合い♡　元気な印象だけど、かわいさも忘れないコーデが完成しました☆

ガーリーPoint
甘くキュートなカラーリングのトップスをセット♡

スポーティーPoint
スポサンやニット帽で動きやすさとハデさも投入しちゃお！

クール × プレッピー

パーカー×アーガイルベストのプレッピーな上半身に、あえてタイトめなシルエットのボトムスを合わせて、スパイシーに☆　足もとはごつめのシューズをセット！

プレッピーPoint
プレッピーテイストの定番、アーガイルチェックのニットベスト！

クールPoint
モノトーンのタイトめなボトムスで、カッコよく☆

きちんと感と大人っぽさを両立してグッドガール!

49

ハンサムなシルエットをレディライクに着こなし

姉っぽ × ハンサム

大人かわいい姉っぽテイストと、メンズライクでカッコいいハンサムテイストをMIXして、だれにも負けないくらいおしゃれさんに☆ 姉っぽさはアイテムの色で投入！

姉っぽPoint

カッコいいジャケットも、パステル系でレディに♡

ハンサムPoint

ハットとゆるシルエのロングパンツでカッコよく！

ガーリーPoint

そでのリボンがキュートなふわもこトップスがかわいすぎる……♡

ふわもこトップスで守ってあげたいガールに♡

ガーリー × ギャルちっく

ハデめでハッピーなギャルちっくテイストに、かわいすぎるガーリーテイストをMIX！だれもが「かわいい」と思う、小悪魔みたいなコーデができちゃいました☆

ギャルちっくPoint

レザーミニとあみあげブーツで、トレンド感UP！

ピタッ×だぼのバランスが絶妙です♪

ポップ × オルチャン

トレンド感ましましのオルチャンアイテムを、明るくハデなポップテイストでまとめてみました！　ミニスカート×くしゅくしゅソックスがかわいすぎる♡♡

オルチャンPoint
ピタッとしたトップスで、ボディラインをちょい見せしちゃお！

ポップPoint
ハデ色ミニスカートとカラフルピンで、元気さをプッシュしました☆

マリンPoint
マリンルックなつけえりを、スウェットにON！

カジュアルPoint
アースカラーのスウェット×スカートコンビ☆

ビッグつけえりでマリンルックに☆

カジュアル × マリン

ビッグスウェット×プリーツスカートの王道カジュアルコーデに、ビッグつけえりをセットしてマリンテイストをMIX！　足もとはスリッポンできちんと＆ラフに♡

テイストMIXは、おしゃれを自由に楽しむためのもの♪　ここで紹介したコーデは、あくまで一例だから、自分なりのテイストMIXを楽しんでほしいな♥

マスターした日

　　月　　日

おしゃれ Lv.9

着まわしをマスターして 少ない服でもおしゃれに！

「手持ちの服が少ないからコーデがいつも同じになっちゃう」なんて
お悩みは、「着まわし」をマスターすればまるっと解決するの☆

もんだい！

少ない服でおしゃれを楽しむにはどうすればいい？

　下の例を見てみて！　同じパーカーでも、組み合わせによっていろいろなコーデがつくれることがわかるはず。こんなふうに、手持ちのアイテムの組み合わせを変えて、いろいろなコーデをつくることを「着まわし」っていうんだ。なかなか新しい服が買えない子でも、おしゃれを最大限に楽しめるワザだから、ぜひコツを覚えてチャレンジしてみてほしいな♪

答え　着まわしでコーデのバリエーションを増やす！

着まわしの例

この服を着まわし！

パーカー

ふだんのコーデにサッとはおって、「はおりもの」として活用したよ！

パーカーの前をしめれば、トップスとして使えるよ♪

腰に巻いて前で結べば、コーデのアクセントになる♡

5アイテムで平日5日間着まわし！

月曜日

スクールコーデにもぴったりなシンプルコンビ！

この5アイテムを着まわし！

Ⓐ カーディガン

パーカーとならぶ、着まわしの必須アイテム♡

Ⓑ Tシャツ

着まわしやすい、ボーダー柄のシンプルなTシャツ！

Ⓒ ワンピース

フリル＆リボンがついたガーリーなワンピース♡

Ⓓ スカート

チェック柄のガーリーな雰囲気のスカートだよ！

Ⓔ ジャンスカ

デニム素材の、シンプルめなジャンパースカート！

Ⓐ ＋ Ⓓ

Point

カーディガンの前をしめてトップスに。チェック柄スカートと合わせれば、シンプルガーリーコーデが完成するの♡

火曜日

水曜日

カジュアルだけど小物でかわいさもプッシュ♡

ちょっぴりレトロをガーリーコーデの完成

B + E

C

Point

ガーリーなワンピースを
サラッと1枚で着こな
しました♡　くしゅくしゅ
ショートブーツで、足も
とも気を抜かない！

Point

ジャンスカにボーダー
柄TをIN。動きやす
さ満点のコーデが完成
したよ♪　髪はUPにし
てすっきりまとめて！

54

木曜日

金曜日

柄×柄のコーデは
アクセはひかえめが◎

クラシカルな雰囲気の
きちんとレディコーデ

Point

ガーリーなワンピース
に、カーディガンをセッ
ト♡　カーディガンの
前をしめると、ワンピ
をスカートっぽく着られ
ちゃう！

Point

ボーダー柄T×チェッ
クスカートの、柄×柄コ
ンビ！　トップスがモノ
トーンだから、ちぐはぐ
に見えないの♪

B
＋
D

A
＋
C

着まわしは、おこづかいの少ないJSで
もおしゃれを120％楽しめる魔法のテク
だよ♥　「テイスト」も意識しながら、着
まわしを楽しんでみてね♪

マスターした日

月　　日

おしゃれ Lv.10

おさらいテストに挑戦

6〜10日目に学んだテイスト＆着まわしの知識をおさらいチェック！

1

次の ①〜③ に当てはまるテイストを

◯◯◯◯ から選んで書きましょう。(10×3点)

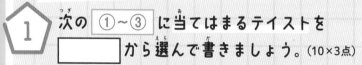

- ガーリー
- ポップ
- カジュアル
- クール
- スポーティー
- 姉っぽ

① ◯◯◯◯◯◯◯

② ◯◯◯◯◯◯◯

③ ◯◯◯◯◯◯◯

2

次の4テイストを「甘め」な順にならべましょう。

(5×4点)

- カジュアル
- クール
- 姉っぽ
- ガーリー

甘め ──────────────→ スパイシー

① ◯◯◯◯

② ◯◯◯◯

③ ◯◯◯◯

④ ◯◯◯◯

③ それぞれのテイストがもつイメージについて、正しい組み合わせを線で結びましょう。(5×4点)

マリン	•	•	メンズっぽくてカッコいい
プレッピー	•	•	水兵さんをイメージ
ハンサム	•	•	韓国風でトレンド感がある
オルチャン	•	•	学校の制服みたい

④ □□□□ の中に、好きなテイストを MIX させたオリジナルテイストを描きましょう。(30点)

このテイストは……

┌──────────────┐
│   │
└──────────────┘

×

┌──────────────┐
│   │
└──────────────┘

┌──────────────────────────┐
│   │
│   │
│   │
│   │
│   │
│   │
│   │
│   │
│   │
└──────────────────────────┘

Test challenge!!

おさらいテストに挑戦

6〜10日目に学んだテイスト&着まわしの知識をおさらいチェック！

1 次の ①〜③ に当てはまるテイストを ▢ から選んで書きましょう。(10×3点)

- ガーリー
- ポップ
- カジュアル
- クール
- スポーティー
- 姉っぽ

① **ポップ**　② **カジュアル**　③ **姉っぽ**

2 次の4テイストを「甘め」な順にならべましょう。
(5×4点)

- カジュアル
- クール
- 姉っぽ
- ガーリー

甘め ————————————————————→ スパイシー

① **ガーリー**　② **姉っぽ**　③ **カジュアル**　④ **クール**

54

このテストは100点満点だよ♪

点数を計算して、右の
▢の中に記入してね！

▢ 点

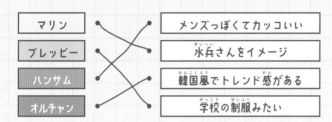

③ それぞれのテイストがもつイメージについて、正しい組み合わせを線で結びましょう。（30点）

マリン		メンズっぽくてカッコいい
プレッピー		水兵さんをイメージ
ハンサム		韓国風でトレンド感がある
オルチャン		学校の制服みたい

④ ☐ の中に、好きなテイストをMIXさせたオリジナルテイストを描きましょう。（5×4点）

このテイストは……

☐
×
☐

好きに
描いてみてね！
おうちの人に
採点してもらうか
自分で点数を
つけちゃおう！

55

結果発表　4問目は、満点を目指して自由に絵を描いてみてほしいな♪

90点以上
テイストのことはもうバッチリみたいだね♪　自分のクローゼットをぜひ見返してみてね♡

70点以上
テイストのこと、がんばって覚えられてるみたい！　まちがえたところを見直してみよう☆

69点以下
テイストが多すぎて覚えきれなかったかな？　テイストを覚えると、コーデが楽しくなるよ♪

59

スタイルUPの基本ルールを覚えよう

「美スタイルになって、もっとキレイになりたい！」と願っている子は多いはず。まずは、スタイルUPのための基本を学ぼう☆

もんだい！
スタイル美人になるためにいちばん大事なことは何？

　スタイルUPするには、しなやかな筋肉のついたメリハリのあるボディをつくることが大切。ただ体重を落とせばいいわけではないんだ。そのためには、栄養バランスのよい食事＋適度な運動、さらに規則正しい生活を送ることが大事！　そうすることで、心と体が健康になり、勉強もスポーツも遊びもエンジョイできるんだよ♪　食事制限をして体重だけを落とすと、ガリガリで不健康な印象になっちゃうんだ……。

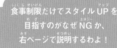
答え　運動＋食事で健康的にスタイルUP！

食事制限だけでスタイルUPを目指すのがなぜNGか、右ページで説明するわよ！

くらべてみよう

健康（けんこう）やせＡ（エー）ちゃん

ガリガリやせＢ（ビー）ちゃん

健康的（けんこうてき）にスタイルＵＰ（アップ）！

栄養（えいよう）バランスのよい食事（しょくじ）＆運動（うんどう）で健康的（けんこうてき）にシェイプアップ♪　メリハリのあるボディで、スタイルがよく見（み）えるよ！　しかも、肌（はだ）＆髪（かみ）がキレイになるおまけつきなの♡♡

ガリガリで不健康（ふけんこう）に

やせられたものの、筋肉（きんにく）がないからガリガリで不健康（ふけんこう）な印象（いんしょう）に。骨（ほね）がもろくなって、身長（しんちょう）が伸（の）びづらくなったり、体力（たいりょく）や集中力（しゅうちゅうりょく）が低下（ていか）したりして、日常生活（にちじょうせいかつ）に支障（ししょう）が出（で）ることも。

太ってしまうのはどうして？

「太る」ってどんな状態だと思う？「体重が増えること」と考える子が多いけど、「ぜい肉が増えること」が肥満の原因だよ。ぜい肉の正体は、「体脂肪」。食べものから摂り入れた栄養素は使わないと体に蓄積され、それが体脂肪の増加を招くんだ。食事をしたあと、食べたものがどうなるか流れを見てみよう！

ごはんを食べる

体に取り入れた食べものは、2時間くらいかけて、生命活動を維持したり、運動するための「エネルギー源」となって体に吸収されるよ。このエネルギーは、お金でいうと、おサイフからすぐに取り出せる「現金」のような状態！

運動すると…

食後30分〜1時間経ったころから運動をすると、エネルギーが運動に使われるから、脂肪になりにくいんだ。つまり、現金の状態のエネルギーをある程度使うことができるんだよ。

運動しないと…

運動をせず、次の食事までにエネルギーが使われないと、体に貯金されていくよ。つまり、「脂肪」として体に定着するってこと！これが続くと、体にどんどん脂肪がたまっちゃうんだ。

答え エネルギーが使われないと体にどんどんたまって太ってしまう！

なるほど〜。
でも、それなら……食事の量を減らせば、エネルギーが余らないし、太らないんじゃないかな？

エネルギーは生命活動を維持したり、髪や肌、つめなど、全身の機能を整えたり、筋肉をつけるのにも使われるの。エネルギー不足は、不健康になっちゃうし、美容においても大敵なのよ！ 61ページのBちゃんを思い出してね。

正しいシェイプUPのオキテ

オキテ1　体重よりもボディラインを意識!

　体重よりも、ボディラインを意識することが重要! 「脂肪」と「筋肉」をくらべると、筋肉のほうがずっしり重いの。だから、筋肉がある子は体重が重くても体が引きしまって見えるし、反対に脂肪が多い子は体重が軽くてもぽっちゃり見えるんだ。体重は、病気になりにくく、健康的な「標準体重」におさめ、運動でシェイプUPしよう!

標準体重の調べ方

体重kg÷(身長m×身長m×身長m)
×10＝ローレル指数

判定	指数
100 未満	やせすぎ
100 以上〜 115 未満	やせぎみ
115 以上〜 145 未満	標準
145 以上〜 160 未満	太りぎみ
160 以上	太りすぎ

＊ローレル指数とは、学童期の発育状況を知る
　目安のこと。

オキテ2　ゆるやかに、気長にシェイプUPする

　シェイプUPは、短期間で一気に結果が出るものではないよ。むしろ、短期間で無理にシェイプUPしようとすると、健康にもよくないし、成長を止めてしまう可能性が高いんだ。それに、急に落とした体重は、そのぶん急に戻りやすいよ。最低でも3か月〜1年くらいかけるつもりで、ゆっくり、地道にシェイプUPしよう!

　シェイプUPについて、しっかり学べたかな? 大切なのは、健康的にメリハリのあるステキなボディを目指すこと! あせらず気長にトライしてね♥

マスターした日

月　　日

おしゃれ Lv.11

Day 12

美人度をUPする
正しい姿勢をマスター

特別な運動をしなくても、姿勢を整えるだけでスタイルはグッとよく見えるもの！　美人度をUPする正しい姿勢を意識しよう♪

もんだい！

姿勢が悪くなっちゃうのはどうして？

背中が丸まってしまう「ねこ背」や、体の軸が片側に寄ってしまう「片足重心」、腰が反ってお腹がぽっこり出てしまう「反り腰」などのNG姿勢に気をつけよう！　バッグを持つ手や肩がいつも同じだったり、座るときに足を組んだり横座りしたりすると、体がゆがむ原因になるかも……。NG習慣がクセになっている子は、早めに見直しを！　右ページで、正しい姿勢を確認して、日々意識してすごそう☆

体をゆがめるNG習慣

- ☑ バッグを持つ手がいつも同じ
- ☑ どちらか片方の足に重心をかけて立つことが多い
- ☑ どちらか片方の手足ばかり使いがち
- ☑ 座るときに足を組むことがある
- ☑ 長時間、スマホやゲームに夢中になることがある
- ☑ ヒールがあるくつをはくことが多い

答え 毎日のNG習慣が体をゆがめてしまうかも！

スマホで長時間動画を見るのが習慣になってる〜。気をつけなきゃ！

正しい姿勢を確認しよう！

正しい姿勢を意識すると、自然と下腹に意識がいくの。体も引きしまっていくはず！

立つとき

あごはつき出さずに軽く引くよ。首が前に出ないように！

耳と肩、指先、ひざが一直線にならぶイメージ。肩はリラックスしてね。

おへそをタテに伸ばすイメージで、下腹に軽く力を入れよう。

親指のつけ根、小指のつけ根、かかとの3点に均等に体重をのせて。

座るとき

あごを軽く引いて、目線はまっすぐ前へ向けてね。

背すじをピンと伸ばすよ。お尻はキュッと引きしめて！

ひざはそろえるよ。外側を向かないように気をつけてね。

いすに深く腰かけるよ。背もたれに寄りかからないようにしてね。

姿勢を整えるエクササイズ

姿勢を正すには「背骨」を意識して立つことが大切！
このエクササイズは、全身の筋肉を使って背骨を支える練習ができるの。

1 足を腰幅に開き、まっすぐ立とう

足を腰幅くらいに開いて立つよ。親指のつけ根、小指のつけ根、かかとの3点に均等に体重をのせ、重心は体のまん中をキープして。

2 背骨を首から曲げていこう

背骨を曲げていくよ。上半身の力を抜き、まずは首から肩の後ろにかけて、ゆっくりと前に曲げよう。ひざの力も自然にゆるめてね。

3 みぞおちの後ろを曲げるよ

上のほうから順に、みぞおちの後ろくらいまで背骨を曲げていくよ。曲げたら姿勢をキープし、深呼吸をくり返してリラックスして。

4 背骨をゆっくり伸ばしていこう

重心がどっしりと落ちついたら、今度は下から背骨を伸ばしていくよ。ひとつずつ、背骨をつみ上げるようなイメージをもつと◎。

5 胸をめいっぱい広げよう！

背骨を伸ばしきったら、大きく息をすって、胸をはるよ。胸が空に向かって引っぱられるようなイメージで、気持ちよく広げてね。

6 首を戻して姿勢を確認しよう

息をはきながら、胸をまっすぐ前に向けるよ。首は最後に戻してね。1〜6を何回かくり返して、背骨の伸びを感じてみよう。

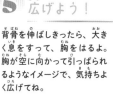

適度な運動で

メリハリボディに！

ここまで、「メリハリのあるボディをめざすことが大切」と学んだよね。
シェイプ UP のための運動のルールをお勉強しよう♪

もんだい！

理想のボディって何だと思う？

理想のボディは人によってちがうけど、左のイラストのような体型は、あこがれる子が多いんじゃないかな？　筋肉がなくてぽっちゃりした体型より、ほどよく筋肉がついていて、足首やウエストなどがキュッと引きしまったメリハリのあるボディのほうが、スタイルがよく見えるものだよ♡

フェイスラインがシャープで、首もほっそり！

姿勢がよく、背中にぜい肉がついていない！

たぷたぷしていないスラリとした二の腕！

答え　ほどよく筋肉がついたメリハリのある体！

ひざや足首がキュッと引きしまっている♡

キュッと上がったヒップは、脚長効果もあるの☆

下腹がぺたんこで、お腹がぷにぷにしていない！

太ももは適度な筋肉がついていて、スラッとしている！

覚えておきたい運動のルール

ルール1　2種類の運動をどちらも行う

有酸素運動

筋トレ

　運動は、大きく分けて2種類あるよ。ひとつ目が、長距離のランニングや水泳など、ある程度の時間続けて行える「有酸素運動」で、脂肪を早く燃やすことができるの。もうひとつが、強い力を瞬間的に使う「筋トレ（無酸素運動）」。筋肉をきたえて、ボディラインを引きしめる効果があるよ。キレイにやせるには、2種類の運動、どちらも行うことが大切なの♪

ギモン解決！

TALK ROOM

Q 筋肉をつけると、ごついマッチョみたいになっちゃうんじゃないかって心配……。有酸素運動だけじゃダメなの？

A ジムでバーベルを持ち上げるようなトレーニングじゃなければ、ごつくはならないよ。むしろ、筋トレで筋肉をつけると、全身がキュッと引きしまるの♡おまけに、筋肉のまわりの脂肪が燃えて、やせやすくなるのよ♪

ルール2 筋トレ→有酸素運動の順に行うとGOOD！

運動をすると、最初に「現金」の状態（62 ページ）のエネルギーが使われるよ。体にたくわえられた脂肪が使われはじめるのは、運動をはじめて、少し時間が経ってから。有酸素運動は、できるだけ 20 分以上続けよう。また、先に筋トレをして筋肉を刺激しておくと運動効果がさらに高まるから、できれば、筋トレ→有酸素運動の順に行うのがおすすめだよ☆

おすすめの有酸素運動

水泳

陸上で走るよりもカロリーの消費量が多いよ。水中でも汗をかくから、水分補給はかならずしてね。

ダンス

お気に入りの曲に合わせて体を動かそう。楽しくおどれば、ストレス解消にもなるはず♪

なわとび

せまいスペースでも挑戦できて、おすすめ♪かけ足とびなど、長い時間行えるとび方を選んでね。

ボクササイズ

曲に合わせて、空中に向かってパンチしたりキックしたり！ ストレスも発散しちゃおう☆

ルール 3 準備運動、水分補給を忘れずに

運動の前後には、ケガを予防するためにストレッチ（160ページ）をしよう！　ストレッチには、運動後の疲労回復を早める効果もあるんだよ。寝る前にストレッチすると、睡眠の質がUPして、成長を助けてくれる働きも期待できるんだ♪　また、運動中はこまめに水分補給することも忘れずに。汗をかいて体内の水分が足りなくなると、脱水症状を引き起こす危険性があるよ。

ルール 4 ボディサイズを測ってやる気を継続させよう

筋肉をきたえてぜい肉を落とし、シェイプUPすることが、エクササイズの目的！モチベーションをUPするためにも、週に1回くらいのペースでボディサイズを正しく測ろう。足を肩幅に開いて立ち、メジャーで右の7か所のサイズを測ってね。サイズは、ノートなどにメモしよう。

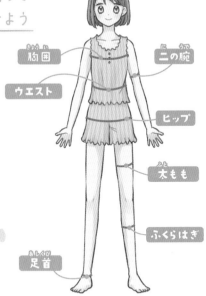

胸囲

ウエスト

二の腕

ヒップ

太もも

ふくらはぎ

足首

シェイプUPのための運動の基本が学べたわね♪　おすすめのエクササイズは特別Lessonの158ページから紹介しているから、ぜひチャレンジしてみてね！

マスターした日

月　日

おしゃれ Lv.13

Day 14 キレイに近づく 食事のポイントを覚えよう

キレイにシェイプUPするには、バランスのいい食事を摂ることが大切。
毎日の食事で気をつけたいポイントを学ぼう。

もんだい！

カロリーは摂りすぎると太るっていうけど、どんなものか説明できる？

人は、食べたものをエネルギーに変えて生命を維持する力にしているというのは学んだよね（62ページ）。その、エネルギーの熱量をあらわす単位が「カロリー」なんだよ。エネルギーには、「摂取エネルギー」と「消費エネルギー」の2種類があるよ。カロリーが高いものをたくさん食べると摂取エネルギーが増えて、運動をして消費エネルギーとして使わないと、体脂肪がたまって太ってしまうんだ。

摂取エネルギー

食べものからとるエネルギー量のこと。パッケージなどに書かれている「kcal」という単位が、その食品で摂ることができるカロリー量だよ。

消費エネルギー

体を動かすのに使われるエネルギー量のこと。心臓や脳を動かすなど、生命を維持するためにも、エネルギーは使われているよ。

答え カロリーは生きるために必要なエネルギー量の単位

摂取カロリーが、消費カロリーを上まわると、エネルギーが体に貯蓄されて、太ってしまうの！

もんだい！
栄養バランスのいい食事とは？

ここでいうバランスとは、「栄養バランス」のこと。栄養素は、「食べものに含まれている、体を動かしたりつくったりするもの」だよ。代表的なものだけでも46種類あるといわれているんだ。その中でも、とくに重要な5つの栄養素を「5大栄養素」というの。食材によって含まれる栄養素はちがうから、いろいろなものを食べて、さまざまな栄養素を「バランスよく」とることが大切なんだ☆

食品に多く含まれる栄養素

炭水化物
（糖質＋食物繊維）

たんぱく質、脂質

ビタミン、ミネラル

五大栄養素の役割

炭水化物
（糖質＋食物繊維）

体や頭を働かせる「エネルギー源」。不足すると、力が入らない、集中力が欠けるなどの原因に。

たんぱく質

筋肉や骨、血液、内臓のもとになる「体をつくる」栄養素。骨や髪、つめなどを育てる役割ももっているんだ。

脂質

体の「エネルギー源」になる栄養素だよ。髪や肌をうるおすはたらきも。炭水化物やたんぱく質の2倍以上のカロリーがあるよ。

ビタミン

「体の調子を整える」栄養素だよ。ビタミンA、B群、C、Dなど、種類が多いから、意識していろいろ摂ることが大切。

ミネラル

「体の調子を整える」栄養素だよ。骨や歯のもとになるカルシウムや、血の材料になる鉄分などがあるんだ。

炭水化物、たんぱく質、脂質は「三大栄養素」といって、この3つにはカロリーがあるの！

キレイをつくる食事のコツ

コツ 1 — 1日3食きちんと食べる

朝、寝坊して、朝食を食べないで学校に行ったり、やせたいからって夕食を抜いたりしていない？ 健康的で、キレイな体をつくるには、朝昼晩、毎日規則正しく食べること、いろいろな食べものからバランスよく栄養をとることが大切だよ。1日3食、きちんと食べようね♪

コツ 2 — ゆっくり、よくかんで食べよう

人は、食べものを口にしてから満腹感を感じるまで、30分はかかるといわれているよ。早食いは、満腹感が得づらく、食べすぎの原因になるんだ。また、しっかりかむことも大事！ 食べものを口に入れたら、20回はかむようにして。胃の負担が減るし、早食いしづらくなるよ。

20回！

コツ 3 — おやつタイムも気を抜かない

もちろん、ケーキやスナック菓子など、糖質や脂質が多すぎるものを食べすぎると太る原因になっちゃうよ。でも、糖質、脂質をおさえたおやつなら、適量食べてもOK♪ ヨーグルトや、ビタミンが豊富なくだもの、食物繊維が豊富な寒天ゼリーなどがおすすめだよ♡

コツ④ 体を温める食べものを食べよう

冷えはシェイプUPの天敵！　体が冷えていると、エネルギーの消費量が下がったり、血行が悪くなってむくみやすくなったりするよ。スープやホットミルクなど、体を温めるものを積極的にとろう！「温活」できる食材として有名なしょうがもおすすめだよ。

コツ⑤ 塩分の摂りすぎに注意する！

カロリーの摂りすぎだけでなく、「塩分」にも気をつけよう！　塩分を摂りすぎると、体が水分をためこむようになって、むくみの原因になるよ。塩分は、ハムやソーセージなどの加工食品、スナック菓子などにも大量に含まれているよ。でも、水分はとても大事！　こまめに水を飲むようにしてね。

キャー

食事は毎日摂るものだからこそ、少し意識を変えるだけで、グッとキレイに近づけるもの♥　ここで学んだことを、つねに心がけてすごしてみてね♪

マスターした日

月　日

おしゃれ Lv.14

美ボディの人の
習慣をマネしてみよう

11〜14日目で、運動や食事など、キレイになるための知識を学んだよね。
さらに美ボディに近づくために、日々心がけたいことを紹介するよ♪

もんだい！

睡眠、お風呂、学校生活。
スタイルUPのために大事なのはどれ？

エクササイズを続けたり、食事に気をつかったりすることで、理想の自分に近づいていけるはず！　だけど、それと同じくらい大事なのが、規則正しい生活を送ってきちんと睡眠をとったり、湯船に浸かって体を温めたりすること。そうすることで、シェイプUPの効果をさらに高めることができるんだ。睡眠やお風呂をおろそかにすると、せっかくのシェイプUP効果も出にくくなってしまうかも……。また、1週間、1日の大半をすごす学校生活を少し意識することで、結果が出やすくなるよ♡

答え 全部！　すべて大事で、意識してほしいこと★

ギモン解決！

TALK ROOM

Q お風呂で体を温めるのが大事なのはわかるけど……睡眠をきちんととらなきゃいけないのはどうして？

A 体は寝ている間につくられるもの！寝不足になると、脂肪の燃焼をうながす「成長ホルモン」や食欲をおさえる「レプチン」の分泌がおさえられてしまって、太る原因になるの。良質な睡眠は、心身の健康につながるし、代謝もUPするのよ♪

1日の美ボディ習慣をチェックしよう！

理想のスタイルの持ち主たちは、毎日「美ボディ習慣」を実践しているもの♪　そんな美ボディ習慣を、こっそり教えちゃうよ♡

 朝 体をシャキッと目覚めさせる！

朝食をきちんと食べる

食欲がわかなかったり、時間がなかったりして、朝食を抜いてない？　1日の食事でいちばん大切なのは朝食☆　朝食を食べないと、体の機能が目覚めず、ぼーっとしたり、体に力が入らなかったりするんだ。

白湯を1杯飲もう

朝起きたら、白湯（何も入れていない水を60℃くらいに温めたお湯）を1杯飲もう！　胃腸が温まって内臓機能の働きがよくなる、代謝が上がる、便秘を解消してくれるなどの効果が得られるよ。やけどしないように注意してね。

肩や腕を動かす

体には、「褐色脂肪細胞」とよばれる細胞があるよ。これは、余分なエネルギーを燃やしてくれたり、体温を上げて代謝をよくする働きがあるといわれているんだ。この細胞があるのが、首の後ろや肩甲骨あたり。朝起きてすぐに肩甲骨を動かすと、やせ体質になれちゃうかも♪

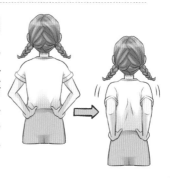

気（き）づいたときにプチシェイプ

学校（がっこう）ですごす時間（じかん）は長（なが）いから、気（き）を抜（ぬ）かずに！　もちろん、休（やす）み時間（じかん）に外（そと）に出（で）て思（おも）いっきり運動（うんどう）してもいいけど、足（あし）を上（あ）げ下（さ）げしたり、ウエストをツイストするだけでも運動効果（うんどうこうか）は出（で）るもの。そんな「プチシェイプ」をこまめに行（おこな）うことで、美（び）ボディに近（ちか）づけるよ。たとえば、肩（かた）を上（あ）げ下（さ）げする「シュラッグ」は、フェイスラインや首（くび）をすっきりさせる効果（こうか）が♪

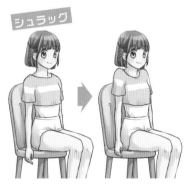

シュラッグ

給食（きゅうしょく）は食（た）べる順番（じゅんばん）を意識（いしき）する

給食（きゅうしょく）にかぎらないけれど、食（た）べる順番（じゅんばん）を意識（いしき）することで、エネルギーが体（からだ）にたまりにくくなると言（い）われているんだ。おすすめは、はじめに副菜（ふくさい）などの野菜（やさい）を食（た）べて、それからメインのおかずや主食（しゅしょく）のごはん、パンなどを食（た）べること！

授業中（じゅぎょうちゅう）も姿勢（しせい）が悪（わる）くならないようにする

授業中（じゅぎょうちゅう）は、長（なが）い時間座（じかんすわ）りっぱなしですごすことになるよね。65ページで紹介（しょうかい）した正（ただ）しい姿勢（しせい）を意識（いしき）しながら授業（じゅぎょう）を受（う）けよう。集中力（しゅうちゅうりょく）が上（あ）がるし、腹筋（ふっきん）や背筋（はいきん）を使（つか）うから、ウエストまわりがスッキリするかも♪

姿勢（しせい）がよくなってキレイになれる＆授業（じゅぎょう）に集中（しゅうちゅう）できるなんて、すご～い！

湯船に浸かってシェイプUP

お風呂の時間は、絶好のシェイプUPタイム♡ 体を温めると、代謝が上がって、エネルギーを消費しやすい体になるよ。ただし、熱すぎるお湯は体に負担になるから、38〜40℃くらいの湯船に浸かろう。少し長めの時間湯船に浸かる場合は、こまめに水分補給してね！

寝る前にストレッチしよう

おやすみ前のリラックスタイムには、ぜひストレッチをしてみて。1日の疲れをいやせるし、深い眠りにつくことができるんだって！ また、寝る前にストレッチをして体を動かすことで、血行がよくなって代謝もUPするんだよ♪

シェイプUPのお勉強はこれにておしまい！ おつかれさま♥ 次のページのテストでしっかり復習してね。あなたのシェイプUPを応援してるよ〜！

マスターした日

　月　　日

おしゃれ Lv.15

Test challenge!! おさらいテストに挑戦

シェイプ UP にまつわる大切な知識が身についているかチェック！

1 （　　　）の言葉で、正しいほうを〇で囲みましょう。

（5×4点）

スタイル UP するために大切なのは、
しなやかな（脂肪・筋肉）のついた
メリハリボディをつくること。
そのためには、
（栄養バランスのよい食事・食事制限）と、
（毎日行う適度な運動・週に一度の激しい運動）、
（スマホでの情報収集・規則正しい生活）
が重要になります。

2 それぞれの運動の種類について、正しい組み合わせを線で結びましょう。(20点)

有酸素運動	・	・	筋トレ
無酸素運動	・	・	水泳、ダンス、なわとび

3 五大栄養素の名前を書きましょう。

（6×5点）

① ☐

体や頭を働かせる「エネルギー源」。不足すると、力が入らない、集中力が欠けるなどの原因に。

② ☐

筋肉や骨、血液、内臓のもとになる「体をつくる」栄養素。骨や髪、つめなどを育てる役割ももっているんだ。

③ ☐

体の「エネルギー源」になる栄養素だよ。髪や肌をうるおすはたらきも。炭水化物やたんぱく質の2倍以上のカロリーがあるよ。

④ ☐

「体の調子を整える」栄養素だよ。A、B群、C、Dなど、種類が多いから、意識していろいろ摂ることが大切。

⑤ ☐

「体の調子を整える」栄養素だよ。骨や歯のもとになるカルシウムや、血の材料になる鉄分などがあるんだ。

4 下の ①～⑥ に当てはまる言葉を書きましょう。

（5×6点）

キレイをつくる食事のコツ

1 1日 ① ☐ 食きちんと食べることが大切です。

ヒント：とくに大切なのは、朝食！

2 ゆっくり、よく ② ☐ 食べましょう。

ヒント：胃の負担が減るし、早食いしづらくなる！

3 おやつは、③ ☐ や ④ ☐ をひかえめに。

ヒント：ケーキやスナック菓子にたくさんふくまれる栄養素！

4 体を ⑤ ☐ ものを食べましょう。

ヒント：スープやホットミルク、根菜類がおすすめ！

5 むくみの原因になる ⑥ ☐ は摂りすぎ注意！

ヒント：ハムやソーセージなどの加工食品、スナック菓子はひかえめに。

Test challenge!! おさらいテストに挑戦

シェイプUPにまつわる大切な知識が身についているかチェック！

1 （　　）の言葉で、正しいほうを〇で囲みましょう。
（5×4点）

スタイルUPするために大切なのは、
しなやかな（脂肪・**筋肉**）のついた
メリハリボディをつくること。

そのためには、
（**栄養バランスのよい食事**・食事制限）と、
（**毎日行う適度な運動**・週に一度の激しい運動）、
（スマホでの情報収集・**規則正しい生活**）
が重要になります。

2 それぞれの運動の種類について、
正しい組み合わせを線で結びましょう。（20点）

有酸素運動	✕	筋トレ
無酸素運動		水泳、ダンス、なわとび

78

‖ このテストは100点満点だよ♪ ‖

点数を計算して、右の
□の中に記入してね！

点

五大栄養素の名前を書きましょう。

（6×5点）

① **炭水化物**

体や頭を働かせる「エネルギー源」。不足すると、力が入らない、集中力が欠けるなどの原因に。

② **たんぱく質**

筋肉や骨、血液、内臓のもとになる「体をつくる」栄養素。爪や髪、つめなどを育てる役割ももっているんだ。

③ **脂質**

体の「エネルギー源」になる栄養素だよ。髪や肌をうるおすはたらきも。炭水化物やたんぱく質の2倍以上のカロリーがあるよ。

④ **ビタミン**

「体の調子を整える」栄養素だよ。A、B、C、Dなど、種類が多いから、意識していろいろ摂ることが大切。

⑤ **ミネラル**

「体の調子を整える」栄養素だよ。骨や歯のもとになるカルシウムや、血の材料になる鉄分などがあるんだ。

 下の ①〜⑥ に当てはまる言葉を書きましょう。

（5×6点）

キレイをつくる食事のコツ

1 1日 ① **3** 食きちんと食べることが大切です。

ヒント：とくに大切なのは、朝食！

2 ゆっくり、よく ② **かんで** 食べましょう。

ヒント：胃の負担が減るし、早食いしづらくなる！

3 おやつは、③ **糖質** や ④ **脂質** をひかえめに。

ヒント：ケーキやスナック菓子にたくさんふくまれる栄養素！

4 体を ⑤ **温める** ものを食べましょう。

ヒント：スープやホットミルク、根菜類がおすすめ！

5 むくみの原因になる ⑥ **塩分** は摂りすぎ注意！

ヒント：ハムやソーセージなどの加工食品、スナック菓子はひかえめに。

79

結果発表

正しい知識を身につけることが、シェイプUPの第一歩♪

90点以上

すばらしい☆　正しくシェイプUPするための知識がしっかり身についているね♪

70点以上

あと少しだけ知識を身につければ、カンペキ☆　まちがえたところをしっかり確認してね。

69点以下

今のままシェイプUPをはじめると、体に負担がかかるかも。正しい知識をもう一度チェック！

スキンケアで うるツヤ肌をGET！

トラブルの少ない美肌をキープするためには毎日のスキンケアが大切！
正しいスキンケア方法をマスターして、目指せ！あこがれのうるツヤ肌☆

もんだい！

「洗顔」は1日、何回するのがいい？

洗顔とは、肌についている汚れや皮脂を洗い落とすことだよ！　肌を清潔な状態に保つことは、美肌のための第一歩なんだ。でも洗いすぎると、肌に必要な皮脂（皮膚から出るあぶら）をうばってしまうの……。ダメージを与えないように、1日2回、朝と夜に洗顔するのがベストだよ☆　テカリが気になる子や、運動をして汗をたくさんかいた場合は、帰宅後すぐに洗うのもおすすめ！

答え　朝、夜の2回がベスト★
（帰宅後）

ポイント1　正しい洗顔でキレイな肌に！

肌にダメージを与えない洗顔の手順を紹介するよ！　洗顔は毎日行うからこそ、正しいやり方を知ることがとても大切。ていねいに洗うことを心がけてね。

用意するもの

タオル　ターバン　洗顔料

泡立てネットがあると便利だよ☆

洗顔の手順

① 洗顔料を泡立てよう

髪はターバンなどで上げておこう。洗顔料を手にとって、水を加えながらふわふわになるまで泡立ててね☆

② 洗顔料を顔に広げよう

泡を顔全体に広げていくよ。強くこすらず、泡でやさしく包みこむように洗うのがポイント！

③ ほおから順に洗っていこう

ほおから順に指のはらで円を描くように洗っていくよ。おでこや鼻、あご、目のまわりは、洗い残しがないように注意してね！

④ ぬるま湯ですすごう

顔全体を洗ったら、ぬるま湯で10回以上すすごう！ 右手で左ほお、左手で右ほおをすすぐ「クロス洗い」をすると、洗い残しを防げるよ。

⑤ タオルでやさしくふこう

清潔なタオルで顔の水分をふきとろう。肌にダメージを与えないように、タオルで水気をすいとるイメージでやさしくふくと◎。

ポイント2 保湿でもちもち肌を目指そう

化粧水と乳液がひとつになった
オールインワンタイプのものも
あるのよ！

保湿とは、化粧水や乳液で、肌にじゅうぶんな水分をあたえてうるおいをキープすることだよ♪ 保湿をしないと、肌が乾燥して、ニキビなどの肌トラブルの原因になるの。洗顔後の保湿を習慣にしよう☆

 用意するもの 化粧水 乳液 ターバン

保湿の手順

1 化粧水を顔全体と首へ ぬり広げよう

化粧水を顔全体になじませるよ。ほお→おでこ→鼻→口のまわり→目のまわりの順で内側から外側に向かってぬり広げてね。首にもしっかりぬろう☆

2 手のひらでやさしくプッシュするよ

仕上げに両手で顔を包みこんでプッシュすると、化粧水の肌への密着度がアップ☆ 足りないところは重ねづけしよう！

3 乳液も同じようにぬろう

乳液には、化粧水でうるおいを与えた肌をキープする働きがあるよ。化粧水と同じ手順でぬろう☆

UVケアで日焼け対策!

太陽光線にふくまれる「紫外線（UV）」を浴びると、乾燥やニキビなど、さまざまな肌トラブルの原因になるんだ。日焼け止め化粧品で、肌を紫外線から守る「UVケア」を徹底して、何年先もキレイな肌を目指そう!

日焼け止めの強さについて

外出先や目的別に、おすすめの日焼け止めの強さを紹介!

SPF

肌が赤くなる原因となる「紫外線B波」をカットする力のことだよ。SPF1につき、約15〜20分の効果があるといわれているんだ☆

PA

大人になったときにシミやシワの原因となる「紫外線A波」をカットする力のこと。「+」の数が多いほど効果が高いとされているよ!

	登下校	屋外で遊ぶ	日差しが強い日
SPF	10〜20	20〜30	30〜50+
PA	+〜++	++〜+++	+++以上

日焼け止めのぬり方

顔

日焼け止めを直径5ミリくらい手にとり、両ほお→おでこ→鼻→あごの5か所にのせよう! 内→外、外→内と指を往復させながらぬり広げてね。

からだ

1本の線を引くように日焼け止めをのせよう! 手のひらを矢印のように往復させながらぬり広げてね☆ 足や首など、日ざしを浴びる部分も忘れずにぬろう!

うっかり日焼けしちゃったら…

日焼けした肌はやけどと同じ状態だからすぐに冷やそう! 氷水で冷やしたタオルで、日焼けしたところをやさしくおさえてね。

16日目はここまで! スキンケアの基本やUVケアを学べたわね♪ 毎日行うケアだからこそ、正しいやり方を知ることはとても大切なのよ。

マスターした日

月　日

おしゃれ Lv.16

ヘアケアで
サラツヤ髪をGETしよう

毎日するケアだからこそきちんと行うことが大切だね♪
キレイな髪でヘアアレやヘアアクセをもっと楽しんじゃおう！

もんだい！

髪は朝と夜、どちらで洗えばいい？

　サラツヤ髪を目指すなら、夜にシャンプーをするのがベスト！　髪が成長するのは寝ている時間だから、夜に髪や頭皮が汚れていると、健康な髪が育ちにくくなっちゃうの。さらに、洗ったばかりの髪は紫外線などのダメージに弱いから、髪を洗ってすぐ外出するのはおすすめできないんだ。

答え 夜。しっかり髪の汚れを落とすことが大切！

用意するもの

シャンプー

ポイント1 正しい髪の洗い方を知ろう！

　ふだん、何となく髪を洗ってないかな？　髪は、1日で付着した髪の汚れをきちんと取りのぞき、ダメージを与えないように洗うことがとても大切なんだ。正しい髪の洗い方を、ここでおさらいしておこう！

コンディショナー
（リンス）

シャンプーの手順

1 軽くブラッシングし、ぬるま湯で髪をぬらそう!

毛先を中心に、目のあらいブラシを軽くかけて、からまっているところがないか確認しよう! 髪と頭皮を、ぬるま湯でしっかりぬらしてね。

2 たっぷりの泡で洗おう!

シャンプーを手のひらで泡立てたら、指のはらを使って頭皮全体を洗おう! 生えぎわやえりあし、耳の後ろなどは皮脂がたまりやすいから、念入りに☆ シャンプーはしっかり洗い流そう!

3 コンディショナーをつけよう

髪の水分を軽く切ってからコンディショナーをつけるよ。毛先を中心になじませてから、手ぐしで毛流れを整えよう。コンディショナーはしっかり洗い流してね♪

4 タオルで水気をふきとろう

ゴシゴシふくと髪を傷つけちゃうよ! タオルで髪をはさんで、両手で包みこむように水分をすいとろう。

ポイント2　ドライヤーでしっかりかわかそう！

ぬれた髪をそのままにして寝ると、寝グセがついたり、髪がダメージを受ける原因になったりするよ。自然に乾かすのも、乾燥や雑菌を招くことにつながるから、避けてね。ドライヤーを使って手早くかわかそう！

ドライヤーの手順

髪の根もとから かわかそう

まず、ドライヤーの前に髪の毛の水分をタオルでふき取るよ。頭頂部から前髪までドライヤーを当て、指を左右に動かしながら温風でかわかそう。ドライヤーは髪から10cm以上はなしてね♪

耳より後ろを かわかそう

つむじの右側の髪を手に取り、つむじにかぶせるように指を通してかわかすよ。髪の根もとを起こすイメージで風を当てて。左側も同じように！

毛の流れをととのえて 毛先までかわかそう

根もとがかわいたら、次は毛先。サイドの毛を手ぐしですきながらまんべんなくかわかそう！

最後に 冷風をあてよう

耳より後ろの毛は内側から指を入れてかわかしていくよ。完全にかわいたら、ドライヤーの冷風を当てよう。サラサラヘアをキープできるの♡

COOL

ポイント3　ブラッシングでサラサラに！

　ブラッシングとは、ずばりブラシを使って髪をとかすこと！　髪の汚れや抜け毛を取り除いたり、髪をツヤツヤにしたりする効果があるの♡　頭皮の血行がよくなって、髪を健康にする働きも期待できるんだよ！

　用意するもの　　ヘアブラシ

ブラッシングの手順

髪のからまりを ほぐそう

いきなりブラシを通すと毛先がからまってしまうことがあるよ。まずは手ぐしで髪全体を軽くほぐそう！

毛先から ブラッシングしよう

髪の束を少しずつ手に取ってとかすよ！　毛先がとかせたら、髪の根もとから全体的にていねいにとかしてね♪　からまりやすいえりあしなどは、慎重に！

寝ぐせは 根もとから直そう

寝ぐせは髪の根もとからついているケースが多いよ。「水」や「寝ぐせ剤」で根もとをぬらして、クセがついた部分をまっすぐに伸ばしながらドライヤーでかわかすのがおすすめ☆

17日目はここまで★　基本的なヘアケアについてバッチリ分かったかな？　ダメージの少ないキレイな髪をキープして、みんなの注目を集めちゃおうね♥

マスターした日

月　日

おしゃれ Lv.17

Day 18

ボディケアで
全身をつるピカ&清潔に♪

体をピッカピカにするボディケアを紹介するよ☆　毎日のケアのやり方を
おさらいするつもりで勉強してね♡　ボディケアで、レッツ自分みがき！

もんだい！

湯船につかったほうがいいのはなぜ？

　　湯船につかることで、全身の毛穴が開いて体の汚れがよりキレイに落と
せるようになるんだ。さらに、体を温めることで血のめぐりがよくなって、
疲れもグッととれやすくなるんだよ♪　なるべくシャワーだけですませず、
毎日湯船につかるようにしてね☆

答え　体の汚れ&疲れがしっかりとれるから！

ポイント1　お風呂で
体を清潔に保とう

　　お風呂のお湯が熱すぎると、体に負担がか
かってしまうよ。38〜40℃くらいのお湯に
つかるようにしてね。湯船では、目を閉じて
ゆっくり深呼吸！　リラックスしてバスタイ
ムを楽しもう☆

バスタイムのコツ

**水分補給を
しっかりと！**

お風呂では思った以上に汗を
かくもの。入浴の前後に、コッ
プ1杯の水を飲もう☆

**食後すぐあとは
NG！**

食後すぐにお風呂に入ると胃
に負担がかかるんだ。食後
30分以上はあけてね！

体を洗うときのポイント

ゴシゴシ洗うと肌にダメージを与えちゃうから、洗顔と同じようにやさしく、ていねいに！　体の部位によって汚れやすい場所とそうでもない場所があるよ。皮膚から出るあぶら、「皮脂」が出やすい部分や、皮膚の表面にできる「角質」がたまりやすい場所は、汚れやすいポイント！　また、汗をかきやすい部分も、よりていねいに洗うようにしてね。

胸、わき、背中

体の中で皮脂腺が多く、とくに汗をかきやすい場所だから念入りに洗おう！　汗が残るとにおいの原因にも……。

かかと、ひじ、ひざ

角質がたまりやすい場所。やわらかい素材のボディタオルなどを使ってこまめに洗うようにしてね。

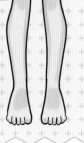

「皮脂」や「角質」が出やすいところをていねいに洗うことがポイントなんだね♪　皮脂や角質は、顔にも出るみたい！

ポイント2　デオドラントケアでイヤなにおい対策！

においケア＝デオドラントケアも、身だしなみのひとつ！「くさくないかな？」と心配しないためにも、きちんとケアをして不安をなくそう！とはいえ、毎日お風呂に入っていれば、気にしすぎなくても大丈夫だよ♪

こんなにおいに注意

★汗のにおい

汗をかいたまま放置すると、菌が増えてイヤなにおいに変化してしまうよ！こまめにふくようにしよう。

★わきのにおい

とくに汗をかきやすい場所だよ。こまめにふきとって清潔にしておこう！

★足のにおい

くつの中にはむれやすくてにおい菌が繁殖しやすいよ！消臭したりくつ下をはき替えると◎。

★頭のにおい

頭皮の汚れや皮脂がにおいのもとになってしまうことがあるよ！毎日洗って清潔に保とう♪

★口のにおい

食事のあとは歯みがきを徹底しよう。むし歯も口のにおいの原因に！

★洋服のにおい

こまめに洗って、清潔な状態にしよう！洗濯後は生がわきのにおいが出ないようにきちんとかわかしてね。

においケアができる制汗剤の種類

シートタイプ

直接汗をふきとるタイプ。汗をかいた直後にさっぱりしたいときに◎！

スプレータイプ

霧状のパウダーが出て、においを殺菌してくれるよ！

ウォータータイプ

肌をひんやり冷ましてくれるよ。暑い時期や肌がほてっているときにぴったりだよ！

ポイント3 むだ毛の処理は安全に!

腕や脚の毛は生えているのが当たり前! でも、気になる子は、安全に十分気をつけたうえでケアしよう。専用のシェーバー（カミソリ）でていねいにそってね☆ 肌を傷つけないように、道具選びから慎重に!

用意するもの

シェーバー

Ｔ字になっているものがおすすめ。広い範囲をそれるし、比較的安全に使えるよ!

専用クリーム

毛をそる前に肌にぬることで、シェーバーのすべりがよくなって、肌へのダメージを軽減できるよ。

安全な毛のそり方

わき毛

専用クリームをわき全体にぬったら毛の生えている向きと同じ方向にそっていくよ。鏡を見ながらそり残しがないかチェックしてね。最後にクリームを洗い流そう!

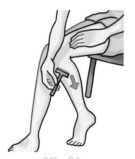

腕、脚

腕も脚も、毛の流れにそうように上から下へシェーバーを動かそう。わきの下と同じく、専用クリームを使ってね!

ボディケアはこれで終わり★ 入浴のこと、体の洗い方、デオドラントケア、むだ毛対策についてしっかり学べたんじゃない? 日々のケアで、ちゃんと実践してね。

マスターした日

月　　日

おしゃれ Lv.18

ネイルケアで
指先からおしゃれに

おしゃれガールは、つめ先にもこだわるもの！ ネイルケアの基本を
マスターしちゃお♪ 特別に、ネイルアートのやり方も教えちゃう！

もんだい！

つめはどのくらいの間かくで
切るのがよい？

長すぎるつめは体育のときなどに友だちをキズつけ
ちゃうかも……。中に汚れがたまって不衛生だし、だら
しなく見える原因にもなるよ。指のはら側から見て、つ
めが見えてしまっているようなら切るサイン☆ だいた
い、週に一度くらいのペースで切るのがおすすめだよ♪

答え 週に一度くらい、
伸びた分を切る習慣をつけよう！

用意するもの

つめ切り

イラストのような平型タイプ
が扱いやすくておすすめ！

つめやすり

「エメリーボード」とよばれる
ことも。つめの形を整えるの
に便利だよ♪

ハンドクリーム

ネイルケアもできるものを選
ぶと、手といっしょにつめの
保湿もできてGOOD！

つめをキレイに切ってみよう！

♣1 つめの先を切ろう

まず、つめの長さを決めよう。白い部分を1ミリくらい残すのが基本♪　つめの先をまっすぐ横に切ってね！

♣2 つめの角を取ろう

左右のとがった部分を切って角を取るよ。白い部分を少し残してね☆　深爪にならないように注意しよう！

♣3 やすりで形をととのえよう

やすりは往復させず、つねに一定の方向に動かしてね♪　つめ切りのウラについているやすりでもOK！

♣4 ハンドクリームで保湿を

最後はハンドクリームで保湿するよ♪　少量をつめの根もとにつけ、反対の指で全体になじませよう！

＋1テクニック

軽くやすりをかけたあとにバッファー（つめみがき）で軽くみがくだけ！みがきすぎには注意してね☆　100円ショップなどでも購入できるよ。

ネイルアートでキュート＆クールに

おしゃれっ子はつめの先までこだわるもの！　お休みの日はコーデに合わせてネイルアートに挑戦してみよう♪　ファッションのワンポイントにもなるから、おしゃれの幅が一気に広がるかも！　まずは、基本のぬり方をマスターして、なれてきたら192ページ〜のネイルアートに挑戦♡　マニキュアをぬるときは、おうちの人に相談してからにしよう♪

用意するもの

ベースコート

マニキュアの下地。色がつめにうつらないようにネイルの前にぬってね！

マニキュア

つめに色をつけるためのアイテムだよ。お気に入りのカラーを用意してね♪

トップコート

透明のマニキュア。仕上げにぬるとツヤがでてネイルが長持ちするよ♪

除光液

ネイルを落とすときに使うよ。コットンにしみこませてネイルをふきとるよ！

アート

つめに貼るかざりのこと。ラインストーンやシールなど種類はいろいろ♪

落とすときは…

ぬりっぱなしはつめにダメージを与えてしまうよ。除光液を使ってキレイに落とすようにしてね♡

1

コットンに除光液をたっぷりしみこませよう。

2

つめにやさしくなじませてふきとろう。

マニキュアのぬり方

ベースコートを ぬるよ

ボトルの口に2〜3回筆を当てて、よぶんな液を落とすよ。

つめの先から ぬっていくよ

まず、つめの先からぬってね！ ネイルがはがれにくくなって長持ちするの♪

真ん中を ぬろう

次はつめの真ん中をぬっていくよ。根もとから先端に向かってまっすぐぬろう！

両はしを ぬっていくよ

両はしも、根もとからつめ先に向かってぬろう！ すき間ができないようにゆっくりていねいにぬってね♪

マニキュアを ぬろう

ベースコートがかわいたら、次はマニキュア！ ベースコートと同じ手順でぬっていこう☆

トップコートを ぬろう

マニキュアがかわいたら、最後にトップコートをぬって仕上げよう♪ ぬり方はベースコートと同じだよ。

ぬるときは…

机にひじと甲をつけて、手をきちんと固定しよう。この状態で指を曲げると手が安定してキレイにぬれるよ☆

19日目はここまでだよ！ ネイルケア＆アートをマスターすれば、おしゃれレベルはグンとアップするの♥ お気に入りのネイルをすれば、気分も上がるかも！

マスターした日

　月　　日

おしゃれ Lv.19

特別な日は メイクで気分を上げちゃお♪

おしゃれガールのあこがれ、メイクに挑戦しよう！　ただし、正しいやり方で行わないと肌にダメージを与えちゃうから、慎重にね！

もんだい！

メイクを落とさないですごすと肌はどうなってしまう？

メイクをしたままでいると肌に負担がかかってニキビや乾燥、ふきでものなど、さまざまな肌トラブルの原因になってしまうよ。メイクをしたら、その日のうちにかならず落とすようにしてね☆　メイクをするときは、かならずおうちの人に相談してからにしよう！

「答え」　メイクのしっぱなしは肌トラブルの原因に…

はじめてのメイク術

ＪＳにおすすめの、基本的なメイクのやり方を紹介するよ！　まずは、下地にもなる「日焼け止め」と、テカリをおさえてくれる「ベビーパウダー」を使って、メイクできるように肌を整えよう。これを、「ベースメイク」とよぶよ。ベースメイクができたら、目もとや口もとなどの「ポイントメイク」をしてみてね♪

日焼け止め（下地）を顔全体にぬり広げたら、ベビーパウダーをパフに取り、パタパタのせよう！

次のページから、ポイントメイク＆メイク落としのやり方を４ステップで紹介するよ♪

ステップ 1 マスカラをぬって目ヂカラＵＰ！

 まつ毛にマスカラを塗ると、バッチリお目になれちゃうんだって♥

用意するもの

マスカラ

黒か茶色を選ぶとナチュラルに仕上がるよ。

ビューラー

まつ毛をカールさせるためのアイテムだよ♪

 ビューラーでまつ毛をはさむ

目を軽く伏せたら、ビューラーでまつ毛のつけ根をはさんでグッとにぎってね。強くにぎりすぎないように！

 手首を返してまつ毛をカール

手首を返しながら、ビューラーをまつ毛の根もと→真ん中→毛先へと移動させて、カールさせよう！

 マスカラをつけ根にセット

マスカラのブラシに液をつけたら、ブラシをまつ毛のつけ根にセット。マスカラ液がまぶたにつかないように注意してね。

 毛先に向かってマスカラをぬろう

ブラシを小きざみに左右にゆらしながら毛先に向かって移動させ、まつ毛の先までマスカラをぬろう！

チークでほっぺにほんのり色づきを♥

チークで色つくほっぺたにすると、かわいさがアップするの★

 用意するもの

チーク
ブラシつきのパウダータイプが
使いやすくておすすめ。

1 チークを入れる位置を確認!

口角を上げたとき
に、いちばん高くな
る位置にチークをぬ
るよ。

2 チークをまあるくぬり広げよう

1で確認した位置
を中心に、円を描く
イメージでふんわり
とチークをぬり広げ
よう!

リップでぷるツヤくちびるに♪

リップで、保湿しながらくちびるに色づきをプラスしましょ♪

 用意するもの

薬用リップ
くちびるを保湿するた
めに必要なアイテム。

色つきリップ
好きな色を用意してね。

1 薬用リップからぬるよ

くちびる全体に、薬用リップをぬってね。
薬用リップを先にぬることで、次にぬる色
つきリップがなじみやすくなるよ♪

2 色つきリップをぬろう

色つきリップをくちびる全体にぬり広げて
ね。最後に、上下のくちびるをすり合わせ
てなじませよう♪

ステップ4 メイクはしっかり落とそう！

メイクをしたら、かならずその日のうちに落とさなきゃ。肌に負担がかかって肌トラブルの原因になるんだって！

用意するもの

メイク落とし

オイル、クリームなどいろいろな種類があるよ。自分の肌に合ったものを使ってね♪

・コットン
・めんぼう
・ターバン

1 メイク落としを顔全体に広げよう

メイク落としを手に取り、メイクをしたところにぬり広げよう。指でくるくるとやさしくなじませてね♪

2 マスカラはていねいに落とそう！

マスカラは落ちにくいから、コットンとめんぼうを使うよ。コットンをまつ毛の下に当て、メイク落としをつけためんぼうでなぞるようにマスカラをふこう♪

3 ぬるま湯でしっかりすすごう！

メイク落としをぬるま湯で洗い流そう。このあとは、いつも通りに洗顔すればOKだよ（85ページ）。

おつかれさま★ 20日目はこれで終わりだよ！ あこがれのメイクを安全に楽しんだら、しっかり落として、洗顔＆保湿をかならずしてね！

マスターした日

月　日

おしゃれ Lv.20

1

①〜③ に当てはまるものを、□□□□ から
から選んで書きましょう。(10×3点)

♥ 洗顔は1日 ① [   ] 回行うのがベストです。

♥ 洗顔をするときは、② [   ] から順番に
洗うのがおすすめです。

♥ 洗顔後は、タオルで水気を ③ [   ]
ふきましょう。

> たくさん / 鼻 / ゴシゴシ / 2
> ひたい / 1 / ほお / やさしく

2

それぞれの道具を何に使うか、
正しい組み合わせを線で結びましょう。(5×4点)

洗顔	•	•	T字カミソリ
むだ毛処理	•	•	化粧水・乳液
UVケア	•	•	洗顔料
保湿	•	•	日焼け止め

3 （　　）の言葉で、正しいほうを〇で囲みましょう。
（10×3点）

- ♥ マスカラは（まゆ毛・まつ毛）を長く見せるために使います。

- ♥（ビューラー・アイロン）でまつ毛をカールさせると、目がパッチリ見えます。

- ♥ アイメイクを落とすときは、（テッシュ・コットン）とめんぼうを使うのがおすすめです。

4 つめの形を整えるときの手順について、順番どおり　□　に数字を書きこみましょう。（5×4点）

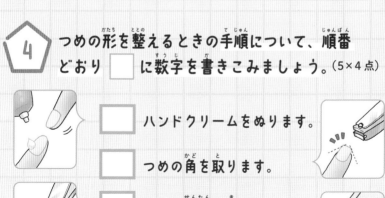

- □ ハンドクリームをぬります。
- □ つめの角を取ります。
- □ つめの先端を切ります。
- □ やすりで形を整えます。

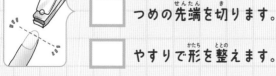

Test challenge!! おさらいテストに挑戦

16〜20日目に学んだ"自分ケア"の知識が身についたかテスト！

1

①〜③ に当てはまるものを、 [　　　] から
から選んで書きましょう。(10×3点)

♥ Ⅰ 洗顔は1日 ① **2** 回行うのがベストです。

♥ Ⅱ 洗顔をするときは、② **ほお** から順番に
洗うのがおすすめです。

♥ Ⅲ 洗顔後は、タオルで水気を ③ **やさしく**
ふきましょう。

たくさん /	鼻 /	ゴシゴシ /	2
ひたい /	1 /	ほお /	やさしく

2

それぞれの道具を何に使うか、
正しい組み合わせを線で結びましょう。(5×4点)

洗顔	╳	Ｔ字カミソリ
むだ毛処理		化粧水・乳液
ＵＶケア		洗顔料
保湿		日焼け止め

104

このテストは100点満点だよ♪

点数を計算して、右の
□の中に記入しよう！

[　　] 点

3　（　　）の言葉で、正しいほうを○で囲みましょう。
（10×3点）

♥ マスカラは（まゆ毛　**まつ毛**）を長く見せるために
使います。

♥（**ビューラー**　アイロン）でまつ毛をカールさせると、
目がパッチリ見えます。

♥ アイメイクを落とすときは、
（ティッシュ　**コットン**）とめんぼうを使うのが
おすすめです。

4　つめの形を整えるときの手順について、順番どおり □ に数字を書きこみましょう。（5×4点）

 4 ハンドクリームをぬります。

2 つめの角を取ります。

 1 つめの先端を切ります。

3 やすりで形を整えます。

105

肌や髪、つめなどなど……。全身のケア方法を復習しよう☆

90点以上
あなたのボディは完ぺきかも♡
これからも、自分をみがいてピカピカにしちゃおう！

70点以上
美しいボディまであとちょっと♪
あともう少し、苦手なところを復習してみてね！

69点以下
ピカピカのボディは、おしゃれガールの第一歩。復習して、真のおしゃれを目指そう！

Day 21

かわいくなれる
ヘアアレの基本

ヘアアレは、お金をかけなくてもかわいくなれちゃう、おしゃれの魔法♡
まずは、ヘアアレをはじめる前に知っておきたい基本を学ぼう！

覚えておきたい基本のヘアアレ用語

正面

分け目

髪の毛を左右に分けるときに、起点になる部分のことだよ。

トップ

トップとは、日本語で「頭頂部」のことだよ。つまり、頭のいちばん高い部分のこと！

生えぎわ

髪と肌の境目のこと。額だけでなく、耳のまわりやえりあしのこともいうよ。

ヘアアレを紹介するページでよく出てくる言葉だから、正しい意味を覚えてね♪

横

結び目

結んだところのこと。または、結んだヘアゴムそのものをいうよ。

← 耳より前　　耳より後ろ →

耳より上

耳横

耳より下

毛先

髪の毛の先の部分。

毛束

髪の毛がある程度の量まとまって、束のようになった状態のこと。

後れ毛

結びきらずに残しておく髪の毛。後れ毛をつくると、おしゃれさ&こなれ感がUPするよ♪

えりあし

頭と首の境目のことだよ。

ボリューム

髪の毛の「量」のことだよ。ヘアアレでは、「トップの毛にボリュームを出す」「ボリュームをおさえてきっちり結ぶ」などのように使うよ。

手ぐし

ブラシやコームを使わず、手をくしのようにして髪をとかすこと。ざっくりした雰囲気に仕上がるよ。大人っぽいヘアアレにぴったりのテク♪

逆毛

毛束などにふわふわ感を出したいときに、毛先から根もとに向かってコームを入れて逆立てることだよ。キュートさがUPするの♡

ヘアアレをはじめるために準備すべきものは？

ヘアアレに使う道具はいろいろあるけれど、まずはコーム、ブラシ、鏡、ヘアゴム、アメピンの5つがあればOK！　どれも100円ショップなどで手に入るから、最初に手に入れておいてね。さらにいろいろなヘアアレを楽しみたいなら、かざりゴムやカチューシャなどのヘアアクセや、セットに便利なヘアワックス、ヘアスプレーなどがあると◎。178ページから紹介するアレンジでも使えるよ♪

答え まず次の5点を用意して、あとは少しずつそろえる！

最初に用意するもの

コーム
髪の毛の流れを整えるときに使うよ。日本語で「くし」というんだ。

ブラシ
髪をとかすときや、髪を1か所に集めるときに使うよ。

鏡
ヘアアレをするときは自立するタイプが便利だよ！

ヘアゴム
毛束を結ぶのに使うよ。太めのリングゴムと、細いシリコンゴムを2種類用意しよう。

アメピン
「アメリカピン」のことだよ。毛束をとめるのに欠かせない、ヘアアレの必須アイテム。

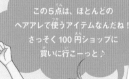

この5点は、ほとんどのヘアアレで使うアイテムなんだね！さっそく100円ショップに買いに行こーっと♪

アレンジによって用意したいもの

かざりゴム

リングゴムに飾りがついているもの。ヘアアレがはなやかになるよ♡

ダッカール

結ばない髪をとめておくときに使うよ。「くちばしクリップ」の一種。

パッチンピン

「スリーピン」「パッチンどめ」などともいうよ。アレンジのアクセントになるの！

ヘアワックス

毛先に動きを出したり、質感をつけたりするのに使うよ。つけすぎには注意！

ヘアスプレー

最後にシュッとスプレーすると、スタイリングがくずれにくく、長持ちするの☆

まとめ髪スティック

長い髪をまとめるときに髪にぬると、くずれにくい＆まとめやすくなるよ！

ストレートアイロン

ふたつのプレートで髪をはさんでまっすぐにするよ。前髪にも使うなら、プレートは小さめのものがおすすめだよ。

カールアイロン

棒の部分に髪を巻きつけてカールをつくるよ。「コテ」とよばれることも。26mm前後の太さが使いやすいよ。

ヘアアレの基本を覚えられたね♪ 明日からは、ヘアアレのテクニックを学んでいくよ。基本を忘れずに、明日以降もがんばってお勉強しましょー☆

マスターした日

月　日

おしゃれ Lv.21

基本の2つのテクを 完ぺきにマスター

ヘアアレのいちばん基本のテクニックは、ヘアゴムで髪を「結ぶ」のと、毛束を「ピンどめ」すること！　この2つのテクをマスターしよう☆

結ぶ

ほとんどのアレンジに登場するいちばん基本のテクニック

「結ぶ」はもっとも基本的なテクニックのひとつ。だからこそ、きちんと結べていないと、ボサボサに見えたり、すぐにゆるんでしまったりして、ヘアアレが決まらなくなるの。正しく結ぶことが、ヘアアレ上手への第一歩になるんだ☆「くるりんぱ」や「みつあみ」など、ほかのさまざまなテクで使うよ！

用意するもの

ブラシ
髪をキレイにまとめるのに使うよ。目がややあらいものを選ぼう。

ヘアゴム
髪全体をまとめるときは、太めのリングゴムを使うのがおすすめ！

1 右利きの子は右手に、左利きの子は左の手首にヘアゴムを通すよ。ゴムで結ぶときに、手間取らずサッとまとめられるの！

2

ブラシは、毛先に向かって少しずつタテにするようなイメージをもつと◎。髪の毛を手のひらに向かって引き上げていこう。

3

まとめた毛束を利き手で持ち直すよ。反対の手で利き手の手首のヘアゴムを抜き、毛束をゴムに通してね。ゴムをねじって8の字にし、毛束を通そう。もう一度ねじって通す、ねじって通す……をくり返してね。

4

ゴムがこれ以上ねじれなくなるまでくり返そう。最後に、毛束を2つに分けて両手で持って、左右にキュッと引っぱってね！

ピンどめ ①

正しい止め方をマスターすれば くずれにくくなる！

　ヘアピンで髪の毛をおさえて固定するテクニックだよ。ピンどめにはいくつかテクニックがあるけれど、まずは「アメピン」を使って、毛束をピタッと止めるテクを学ぼう。前髪をカラフルなピンでとめるだけでも、ふだんと雰囲気を変えられるの♡

用意するもの

ダッカール	コーム	アメピン
ピンどめしない毛をよけてとめておくのに使うよ。	ピンどめの前にコームで毛流れを整えると、仕上がりがキレイ。	目立たせたくないときは、髪の色に近い色のものを選ぼう。

1 ピンどめしないトップの毛を取り分けてダッカールでとめ、前髪をコームでとかして、とめる方向に流そう。

2 アメピンの短いほうを上にしてもち、とめる毛を片手で押さえながら、ピンを毛流れに対して垂直にとめるよ。トップの毛をおろせば完成！

毛束がくずれないように
ピンでしっかりとめる

毛束を「ねじる」テクニックは、みつあみやあみこみより難易度は低いけど、カンタンにはなやかになれるアレンジなの♡　ねじった毛束は正しい位置にピンをささないとすぐにくずれてしまうから、とめ方をしっかり覚えよう！

ピンの長いほうを地肌に押し当てるようにしながら、ねじった部分に対してまっすぐピンをさすよ。

1 毛束の中間あたりからグルグルとねじっていくよ。地肌のほうに向かって3回くらいねじれば OK。

2 ねじった部分をおさえながら、ピンをさしてとめよう。ねじった部分と地肌側の髪をいっしょにとめるとくずれにくいよ！

「結ぶ」と「ピンどめ」はマスターできたかな？　カンタンなテクニックだからこそ、基本をおさえることでヘアアレの仕上がりがまるっと変わるの♡

マスターした日

月　　　日

おしゃれ Lv.22

115

くるりんぱ＆

おだんごを覚えよう

続いては、毛束を「くるりんぱ」するテクと、「おだんご」を覚えよう。
この2つを覚えると、ヘアアレがグッとはなやかになるの☆

くるりんぱ

毛先を「くるん」と返すカンタンおしゃれテク

結んだ毛束を「くるん」と返してつくる"くるりんぱ"。カンタンなのにこって見えるアレンジなの！単に「くるん」とするだけではなく、毛束をゆるめたり、ゴムをかくしたりするテクを覚えると、より完成度が上がるよ♡ ちなみに、「トプシーテール」ともよばれるんだ。

用意するもの

ブラシ
最初に髪をひとつにまとめるときに使うよ。

ヘアゴム
髪全体をひとつにまとめるアレンジだから、太めのリングゴムを用意！

1

髪をブラシでとかして片側によせ、耳の後ろあたりで結ぶよ。このとき、ゴムと地肌の間に少しだけスペースをあけて結んでね。

2

ゴムの上の部分に指を入れて、2
つに分けるよ。毛先を片手で持ち、
2つに分けた間に利き手の親指と
人差し指を入れるよ。これで毛先
を迎える準備が完了☆

3

毛束をすき間の中に入れて、利き
手の親指と人差し指で内側に引き
入れてね！　ゴムの上の部分の
毛がねじれていれば OK ☆

4

毛束を2つに分けて両手で持ち、
左右に軽く引っぱってゴムをかく
すよ。最後に、くるりんぱのふくら
みの部分の毛を指で少しずつ引
き出すとおしゃれ♡

インパクト大な まあるいおだんごに挑戦！

髪の毛をまあるくまとめる「おだんご」☆ じつはおだんごには、いくつかやり方があるの。まずは、いちばんカンタンなテクニックをマスターしよう！ おだんごはくずれやすいアレンジだから、アメピンを何本か使ってきっちり固定してね！

用意するもの

ブラシ
最初に髪をひとつにまとめるときに使うよ。

ヘアゴム
髪全体をまとめられる、太めのリングゴムを用意しよう。

アメピン
おだんごをとめるのに使うよ。4本くらい用意してね。

高い位置でおだんごにすると、後ろの席の子が黒板が見えなくなっちゃうんだって……！ お休みの日に挑戦しよっかな♥

1 髪をひとつにまとめて、後頭部の高めの位置で結んでいくよ。ゴムは最後まで結びきらず、毛束をわっかにしておだんごをつくろう。

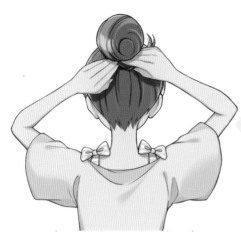

2

おだんごを前後左右から軽くひっぱって、形をまあるく整えたら、たらした毛をねじりながら、ゴムにぐるぐると巻きつけるよ。毛先まできちんと巻いてね！

3

巻き終わったら、毛先をおさえながら、アメピンを何本か使って固定しよう。根もとの髪と地肌側の髪をいっしょにとめると、くずれにくくなるの♪

くるりんぱとおだんごは、カンタンなのに上級に見えるすごーいテクニック♡サッとできるのに、ただ結ぶだけよりも、こって見えるから、ぜひやってみてね！

マスターした日

月　日

おしゃれ Lv.23

「あむ」をマスターすれば

ヘアアレ上級者に♡

マスターするのはちょっぴりむずかしいけれど、できるようになれば
一気にヘアアレ上級者になれちゃうみつあみ＆あみこみを学ぼう☆

みつあみ

やっぱりかわいい 王道のみつあみ

　3つの束を順番にあむ「みつあみ」は、ヘアアレの王道テクニック！あむ順番をまちがえなければキレイなあみ目にできるから、正しいやり方を覚えて☆　みつあみする位置や数、あみ目のゆるめ方をアレンジすれば、ガラッと雰囲気が変わるよ！

用意するもの

ブラシ

ヘアアレンジをはじめる前に、ブラシをかけて毛の流れを整えよう。

ヘアゴム

毛先のそばを結ぶから、細めのシリコンゴムが目立ちにくくておすすめだよ。

1

ブラシをかけて毛流れを整えたら、髪全体を後頭部で2つに分けよう。まずは左から、片側ずつあんでいくよ。指を入れて、3つの均等な太さの毛束に分けてね。手前のⒶを右手で、ⒸとⒷを左手で持とう。

2

Ⓐの毛束をⒷの上に重ねて、左手に持ちかえるよ。Ⓑの毛束は、右手で持とう。

3

Ⓒの毛束をⒶの上に重ねよう。Ⓒの毛束を右手に持ちかえてね。

4

Ⓑの毛束をⒸの毛束に重ねるよ。ここで一度、あみ目をチェック！キレイなみつあみができていればバッチリだよ♡

 5

左右の毛束を中央の毛束に交互に重ねていくよ。毛先まであんだらゴムで結ぼう。反対側も同じようにあんでね。

あみこみができれば
ヘアアレ上手の仲間入り!?

あこがれヘア No.1 のあみこみに挑戦してみよう！　ちょっぴりむずかしく感じるかもしれないけど、しっかり覚えればキレイにあめるはず☆　みつあみのテクニックを使うから、まずはみつあみをマスターしてからチャレンジしてみてね♪

ヘアピン

あみこみした毛束を固定するのに使うよ。抜けにくいアメピンが◎。

1　耳より上の毛をとり分けて、3つの束に分けて両手で持ってね。最初に一度だけみつあみするよ。

2　Bの毛束の横から少し毛束をすくってね。すくったDの毛束は、Bと合わせて持つよ。

3

重ねた B と D の毛束をいっしょに、A の毛束に重ねて中央へ！キュッとあみ目をひきしめてね。

4

手前（いちばん顔側）にある C の毛束の横から、少し毛束をすくうよ。すくった毛束 E と C を合わせて、中央の毛束に重ねよう。

5

左右交互に 2 ～ 4 を、顔まわりと耳の後ろ側からすくう髪がなくなるまでくり返してね。すくう髪がなくなったらピンでとめよう。

ちょっぴりむずかしく感じるかもしれないけど、ヘアアレは何度も練習すればかならず上達するよ！　おうちの人に見てもらいながら、ぜひマスターしてね♪

マスターした日

月　　日

おしゃれ Lv.24

あこがれのヘアサロン デビューをしよう！

ヘアアレは練習すれば自分でもできるけど、髪を切ったり、もっと高度なアレンジをやってみたいときは、ヘアサロンがおすすめ☆

もんだい！

髪のお悩みを相談したいときはどうすればいい？

「自分に似合うヘアスタイルがわからない」「クセ毛でアレンジがうまくいかない」など、髪についての悩みはつきないもの。そんなときは、ヘアサロン（美容室）に行ってみよう！　ヘアサロンは髪を切ってくれる以外にも、ヘアスタイルの相談にのってくれたり、悩みが解消する髪形を提案してくれたり、アレンジのアドバイスをしてくれたりと、髪に関するすべてのことをまかせられるよ♪　大人になったら、髪を染めるカラーリングや、パーマをかけることもできるの☆

答え　ヘアサロン（美容室）に行ってみよう

ヘアサロンに行くときの流れ

 出発前 予約をして当日に備えよう

行きたいヘアサロンが決まったら、まずは電話やインターネットで予約を。名前と連絡先、希望の日時を伝えてね。予約しないでいきなり行くと、長時間待つことになったり、混み具合によってはカットを断られてしまうこともあるから気をつけて！ また、下で紹介する3つに注意してね。

とくに、お休みの日はヘアサロンも混んでいることが多いよね……。予約しておけば安心だ～！

何を相談するか決めておこう

事前に、どんなヘアスタイルにするか、何を相談したいか考えておこう。迷っているなら、いくつか案を持っていって、美容師さんに相談してもOKだよ♪

ふだん着ている服で向かおう

コーデの雰囲気に合ったヘアスタイルにしてもらうためにも、ふだん着ている服で行くのがおすすめ。首まわりがすっきりした服のほうが髪型を確認しやすいよ。

前日の夜にシャンプーしよう

シャンプーはサロンでやってもらえることが多いから、直前ではなく前日の夜にしておいてね。髪がぬれたままで行くと、美容師さんが髪型を確認しづらいよ。

 ギモン解決！

TALK ROOM

Q 予約した日に予定が入って、行けなくなっちゃった……。どうすればいいかな？

A できるだけ早く電話して、キャンセルしよう！ 前日までにキャンセル連絡をしなければならないヘアサロンが多いよ。当日に行けなくなってしまった場合も、ドタキャンはせず、かならずキャンセルの連絡をしてね。

流れをおさえてスムーズに！

いよいよヘアサロンに行く日！　理想のヘアスタイルにしてもらうために、当日の流れをおさえておこう。もし、当日までになりたい髪型が決まらなかったら、いくつか候補をしぼって、美容師さんに相談してみて。なりたいイメージや髪質に合うヘアスタイルを教えてくれるはず♡

1 予約時間5分前にはヘアサロンについているようにしてね。受付をして、どんなヘアスタイルにしたいか、美容師さんに相談しよう！

2 シャンプー台で髪を洗ってもらうよ。洗い足りないところがあったり、かゆみを感じたりしたら、遠慮せずに美容師さんに伝えてね。

3 いよいよ髪を切ってもらうよ。このとき、眠ったりスマホをいじったりせずに、長さやイメージが希望通りかどうか、こまめに確認しよう。

4 カットが終わったら、ぬれた髪をかわかしてもらうよ。このとき、美容師さんにクセがつきにくいブローのやり方を聞いて、おうちでのセットに生かそう♡

かわいた状態で調整したら、完成！
鏡で仕上がりを確認するよ。気になる
ところがあったら、この時点で美容師
さんに伝えよう。

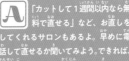

最後に、レジでお会計をするよ。担当
してくれた美容師さんの名前を覚えて
おくと、次に来るときに同じ人にお願
いできるよ♪

TALK ROOM

Q 家に帰ってじっくり見
てみたら、なんだか
気になるところが……。直し
てもらうことはできるの？

A 「カットして1週間以内なら無
料で直せる」など、お直しを
してくれるサロンもあるよ。早めに電
話して直せるか聞いてみよう。できれば、
完成後にしっかり確認して、気になる
ところはその場で直してもらってね。

ヘアアレンジだけでなく、ヘアサロンも
上手に活用して、理想の髪形をゲットし
よう♪　ヘアアレンジは178ページから
紹介しているから、チェックしてね！

マスターした日

月　　日

おしゃれ Lv.25

127

おさらいテストに挑戦

ヘアアレの基本はマスターできたかな？　テストで確認しよう！

1 左と右が正しい組み合わせに
なるように線で結びましょう。(6×5点)

コーム ●	● 毛束をとめる
アメピン ●	● 髪をはさんでまっすぐにする
ダッカール ●	● 髪の毛の流れを整える
ヘアワックス ●	● 結ばない髪をとめておく
ストレートアイロン ●	● 毛先に動きや質感を出す

2 (　　　)の言葉で、正しいほうを〇で囲みましょう。
(10×2点)

ピンどめのポイント

1 毛束は、(地肌に・外側に)
向かってねじります。

2 ピンは、ねじった部分に対し
(まっすぐ・ななめに)さすと
くずれにくくなります。

3 あみこみを行う あ～う のイラストを、手順どおりにならべかえましょう。(10×3点)

あ

い

う

① [　　　　　　　] ➡ ② [　　　　　　　] ➡ ③ [　　　　　　　]

4 次の ①～④ に当てはまる言葉を書きましょう。(5×4点)

ヘアサロンに行くときの流れ

1 電話やインターネットで ①[　　　　　　　] をします。

2 予約時間の ②[　　　　　　　] につくように向かいます。

3 髪を切ってもらいます。

4 仕上がりを ③[　　　　　　　] します。

5 ④[　　　　　　　] をして、終了です。

Test challenge!!

おさらいテストに挑戦

ヘアアレの基本はマスターできたかな？　テストで確認しよう！

1 左と右が正しい組み合わせになるように線で結びましょう。（6×5点）

コーム	毛束をとめる
アメピン	髪をはさんでまっすぐにする
ダッカール	髪の毛の流れを整える
ヘアワックス	結ばない髪をとめておく
ストレートアイロン	毛先に動きや質感を出す

2 （　）の言葉で、正しいほうを〇で囲みましょう。（10×2点）

ピンどめのポイント

1 毛束は、（**地肌に** 外側に）向かってねじります。

2 ピンは、ねじった部分に対し（**まっすぐ** ななめに）さすとくずれにくくなります。

128

|| このテストは100点満点だよ♪ ||

点数を計算して、右の□の中に記入してね！

点

130

3 あみこみを行う あ〜う のイラストを、手順どおりにならべかえましょう。(10×3点)

あ　　　　　　　い　　　　　　　う

① 　う　 ➡ ② 　あ　 ➡ ③ 　い　

4 次の ①〜④ に当てはまる言葉を書きましょう。
(5×4点)

ヘアサロンに行くときの流れ

1 電話やインターネットで ① 　予約　 をします。

2 予約時間の ② 　5分前　 につくように向かいます。

3 髪を切ってもらいます。

4 仕上がりを ③ 確認(チェック) します。

5 ④ 　お会計　 をして、終了です。

129

結果発表　ヘアアレの基本を身につけて、いろいろなヘアアレに挑戦しよう♪

90点以上

ヘアアレの基本は身についてるね♡　178ページから、いろいろなヘアアレに挑戦してみて♪

70点以上

あともう少し、覚えきれていないテクがあるのかも?　まちがえたところを見直してみてね☆

69点以下

むずかしかったのはどこかな?もう一度 21 〜 25 日目の勉強をやり直してみよう!

131

愛されガールの 身だしなみ講座♪

愛されガールをめざすなら、服装やヘアスタイル、くつ下など
細かいところにも気をくばって清潔感をキープしよう☆

もんだい！
どうして「身だしなみ」って大切なの？

おしゃれやヘアアレなど、見た目ばかりみがいても「ステキ女子」とは言えないかも……!?
身だしなみを整えて清潔感をキープすることで、「信頼できそうな子だな」って思ってもらえるもの。とくに、クラス替えなどで新しい友だちをつくるときは、おしゃれさ＆かわいさ以上に清潔感が重要！　身だしなみが整っていると、初対面の第一印象がよくなるものだよ♡
「ステキな子だな。もっと仲よくなりたい！」って思ってもらうために、身だしなみを整える方法をマスターしよう♪

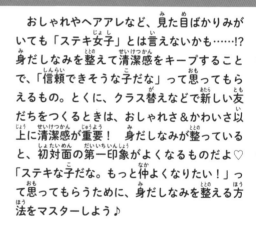

答え　第一印象がよくなり、相手に信頼感を与えることができるから！

おでかけ前にチェックしよう！

学校や休日の外出など、おでかけの前には、持ちものチェック＆身だしなみチェックを習慣づけよう！　下で紹介する3つの持ちものは、外出先で清潔感をキープするために不可欠。これらのチェックを徹底すれば、どんな場所でも愛される身だしなみをゲットできるはず☆

持ちものをチェック！

ハンカチ＆ティッシュ

手を洗ったあとなど、使えるシーンがたくさんあるよ。つねに持ち歩こう！

かがみ＆コーム

小さめのかがみやコームがあると、顔や髪をサッとチェックして、すぐにお直しできる☆

ばんそうこう

ポーチに何枚か入れておくと安心♡　友だちがケガしたらサッと手わたそう！

鏡の前で身だしなみチェック！

おでかけする前に、鏡で下の9つのポイントをチェックしよう！　全身鏡があると、くまなく確認できておすすめだよ♪

身だしなみ全身チェックリスト

- ☑ 寝ぐせはついていない？
- ☑ 髪はボサボサじゃない？
- ☑ 歯はキレイにみがいている？
- ☑ 口のまわりが汚れていない？
- ☑ 顔はきちんと洗った？　目やになどがついていない？
- ☑ 服にシワや汚れがついていない？
- ☑ ボタンが取れたりほつれたりしていない？
- ☑ くつ下に穴があいていない？
- ☑ くつは汚れていない？

みんなから愛されるワザを マスター

ワザ 1 笑顔を心がけよう！

明るい笑顔は好感度ばつぐん☆　笑顔がステキな子の周りには自然と人が集まってくるもの。笑顔を心がけていると、ハッピー運も引き寄せられるはずだよ！　あなたの笑顔で、まわりも自分もハッピーにしよう♪

> 鏡の前で、毎日挑戦してみるね！

やってみよう！ 笑顔エクササイズ！

ステキな笑顔をつくるのに欠かせない、顔の筋肉をほぐすエクササイズを紹介するよ☆

1 右ほおに空気をためたら、左ほお→上くちびる→下くちびるの順に移動させよう。

2 口角を上げてニッコリと笑った状態で舌を出し、左右に動かしてみよう♪

ワザ 2 気持ちのいい あいさつをしよう！

コミュニケーションの基本はあいさつ！　気持ちのいいあいさつができると友だちの輪も広げられるよ♪　仲よくなりたい子がいたら、積極的にあいさつしてみよう。明るくて元気な子って思ってもらえるはず！

あいさつのポイント

明るいトーンと笑顔を心がける	**口を大きく動かしてあいさつする**	**目上の人にはよりていねいに**
いちばんのポイントは、笑顔で明るいあいさつを心がけること！	あいさつは、相手に伝えることが大事♪　ハキハキ、口をしっかりあけて言おうね！	先生や近所の人などは「おはようございます」とていねいに言おう♪

初対面でも盛り上がるトーク集

みんなで盛り上がる、鉄板ネタを紹介するよ！

勉強・習いごと
好きな教科や得意なことを教え合って、キョリをちぢめよう☆

好きな芸能人・作品
お互いの好きな芸能人や好きなアニメ、ドラマなどの話題で盛り上がろう！

ファッション・持ちもの
お気に入りの雑誌を見ながら好きなファッションやアイテムについて話してみよう♪

愛されガールに必須の、身だしなみやワザをマスターできたかな？　内面のステキさは、見た目にもにじみ出るものだよ♪

マスターした日

月　　日

おしゃれ Lv.26

Day 27 美しい食事マナーを身につけよう

食べ方がキレイな子ってまたいっしょに食事したくなるよね♪
どこへいってもマナーを意識してキレイに食事できる子をめざそう！

もんだい！

2つの質問に答えよう！

① 食事の前後にあいさつをするのはなぜ？
② 姿勢を正して食べるのはなぜ？

①のあいさつは、料理や食材、つくってくれた人、動物・植物のいのちを「いただく」ことに感謝するのが、食事をするうえで必要なマナーだからだよ。②は、姿勢をよくして食べると、キレイに食事をしているように見えるから！　それに、姿勢を正して食事をすると、胃にまっすぐ運ばれて消化にもいいの♪

いただきます！

答え

① 感謝の気持ちを表すため！
② キレイな食べ方に見える＆消化のため！

NGな食事例

口に食べものを入れたまま話す	出されたものを残してしまう	よくかまないで飲みこむ	食べこぼしてしまう
口の中のものが相手に見えて、不快感を与えちゃうかも……。きちんと飲みこんでから話すようにしよう！	つくってくれた人に失礼だし、食材がもったいないよ。食べられないものは事前に伝えるなど残さない努力を。	よくかまないで飲みこむと、消化に悪いよ！また、早食いは食べすぎを招き、肥満の原因にもなるんだ……。	食べものをこぼさないように、ひとつひとつの動作を落ちついて行って「品のある子」をめざそう！

美しい食事のためのマナー

マナー1 おはしを正しく使おう！

おはしはきちんと使えているかな？　どんなシチュエーションでも正しく使いこなせるように、この機会に見直してみよう。意識して正しく持つ努力をすることで、どんどんうまく使えるようになるはず♪

正しい持ち方のポイント

・上のはしを人さし指と中指ではさむ
・下のはしを薬指で支える
・2本のはしを親指でおさえる
・上のはしだけを動かす

こんな使い方はNG！

はしを使うとき、いくつかやってはいけないNGマナーがあるよ。知らずにこれらをやってしまうと、いっしょに食事をしている相手を不快にしたり、「正しいマナーを知らない子なんだな」と思われちゃうかも……。

まよいばし
お皿の上で何をとるかウロウロとまようこと。

よせばし
はしを使って、食器を自分のほうに引きよせること。

さしばし
串のように食べものをブスッとさすこと。

さぐりばし
「何が入っているのかな？」とお皿のものをさぐること。

ねぶりばし
はしの先をペロッとなめること。品がなく見られるかも。

ひろいばし
ふたりでひとつのものをつかんだり、はしからはしへ渡すこと。

食事にあったマナーを知ろう！

和食は日本、洋食は欧米、中華料理は中国……。それぞれ、食事ごとにルーツとなる国があるもの。そのため、それぞれ食事のマナーもちがうんだよ。食事ごとに、身につけておきたい作法を紹介するよ☆

和食は… お皿の並べ方に気をつけよう！

和食はお皿の並べ方が決まっているよ。ご飯はおはしと反対の手で持つのが基本！日本人は右利きの人が多いから、ごはんは向かって左、汁ものは右にくるようにおくよ。おかずなどは奥におこう。

おすし

はしでも手でもOK！

はしでも手でも、キレイに食べられる方を選んでOK！　はしならシャリの横をつかみ、手なら人さし指と中指、親指の3本でつかんで食べよう。

めん類

汁に髪が入らないように！

髪が長い子は、汁に髪が入らないように髪を結んでから食べると◎。ひと口で食べられる分だけ取ろう。汁が飛び散らないように気をつけてね♪

焼き魚

骨をキレイに取りのぞこう！

取った骨は、お皿の上のほうにまとめておこう。骨や皮に身が残りやすいから注意しながら、できるだけ身を残さないように食べてね。

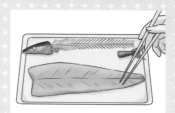

洋食は… ナイフとフォークを正しく使おう

ナイフは利き手、フォークは反対側の手で、どちらも親指と人さし指で支えるようにして持つよ。肉や魚などは、ナイフでひと口サイズにカットして食べよう。スープを飲むときはスプーンを使って、音を立てないようにして飲んでね。

正しい置き方

食事中	食事後

 パスタは、ひと口で食べられる量をフォークでクルクルと巻きつけよう。音を立てて食べるのはNGだよ！

中華料理は… 回転テーブルを使いこなそう！

中華料理の特徴は、料理を取り分けるのに使う「回転テーブル」があること！ 自分が食べる分を取ったら時計まわりに次の人へ送るのがマナーだよ。中華料理でははしを使うから、137ページのはしの持ち方もチェックしてね！

 ここで学んだのは、大人になってからも必要な知識ばかり♪ それぞれの料理に合ったマナーを身につけて、どんなときでもマナーを守れるようになろう！

マスターした日

月　日

おしゃれ Lv.27

Day 28 公共の場でのマナーをマスターしよう

身だしなみや食事マナー以外にも、覚えておくべきマナーは
たくさんあるもの。シーンごとのマナーを身につけよう！

マナーを守るには、まわりの人に気配りをすること、迷惑になるような行動を控え、つねに礼儀正しい行動を心がけることが大切だよ。自分のまわりに困っている人がいないか目を配る、大声を出したり道で広がって歩いたりしない、何かしてもらったらお礼を伝えるなどを、つねに心がけよう！

シーン別マナー講座

シーン1 のりものにのるときは…

電車やバスなどの公共ののりものや、自転車に乗って出かけるときは、
ルールとマナーをしっかり守ろう！

電車・バス

周囲を思いやる行動を心がけよう

座るときは荷物をひざの上に置く、立っているときはリュックを胸の前で抱えるなど、まわりへのはいりょを忘れずに♪　お年寄りや体の不自由な人がいたら積極的に席をゆずろう！

自転車

交通ルールをしっかり守ろう

自転車は車道の左側を走るのが基本。小学生までは歩道を走ってもOKだけど、「歩行者優先」で、スピードをゆるめて運転しよう！　ヘルメットをかぶる、夜はライトをつけるなどの安全対策も徹底してね。

公共の施設では…

病院や図書館、公園、映画館など、多くの人が利用する公共の施設では、まわりの人に迷惑をかけないようにふるまおう！ それぞれの施設ごとのすごし方と注意したいポイントを解説するよ♪

病院

病院内では静かにすごそう

待合室などでさわいだり、椅子に寝そべるのはNGだよ。待ち時間は本を読むなどして、静かにすごそう。座れないくらい体調が悪い場合は病院の人に相談してね。

図書館

本はていねいにあつかおう

図書館では、つねに静かにすごすのが基本！ 本は大切にあつかい、返却期限もきちんと守ってね。万が一本をキズつけてしまったら、かならず図書館の人に伝えよう。

公園

まわりを見ながら楽しもう

遊具などを使うときは、ほかに使いたい人がいないか、まわりは安全かを確認しよう！ 小さい子が遊びたそうにしていたら笑顔でゆずるのがステキなお姉さんのふるまいだよ♪

映画館

鑑賞マナーをしっかり守ろう

映画がはじまる前に、スマホの電源はかならずOFFにしよう。音が鳴ってしまうと、まわりの人が集中して映画を楽しめないよ。鑑賞中におしゃべりしたり、スマホをいじったり、前の座席をけるのもNG！

シーン 3 お呼ばれしたときのマナー

もんだい！

お友だちの家に遊びに行ったときに「また来てほしいな」と思われるのはどんな子？

　友だちの家で遊ぶときは、約束の時間を守って出かけよう。お昼ごはんや夕ごはんの時間までいると迷惑になってしまうから、あらかじめ時間を決めることが大切。また、友だちが家に呼んでくれたことに感謝し、おうちの人に迷惑にならないように心がけて！　下で紹介する6つの注意点を覚えよう。

お呼ばれしたときに気をつけたいこと

きちんとしたあいさつ
最初のあいさつはとても大切！　おみやげを持っていった場合はこのタイミングでわたすとGOOD。

くつはそろえる
これはどんなときでも大切だね！　上着やバッグも、じゃまにならないようにまとめて置いておこう。

さわがない
おうちの中でさわいだり、部屋を散らかさないで！　使ったおもちゃなどは、帰る前にきちんと片づけよう。

時間を守る
あらかじめ帰る時間を決めよう。居心地がよくてつい長居しないように、時間を守って、早めに帰るようにしてね。

ていねいな言葉づかい
おうちの人と話すときは敬語を使い、質問にはハキハキ答えよう♪　コソコソ話や乱暴な言葉づかいはNGだよ。

勝手にウロウロしない
用のない部屋に入ったり、冷蔵庫や引き出しを開けるのはNG。トイレに行くときもひと声かけてから！

[答え] 友だちやおうちの人に迷惑をかけないように、注意点をきちんとおさえる！

142

お呼ばれの流れをチェックしよう！

お呼ばれの流れをきちんと予習して、あせらず、マナーを守って友だちの家ですごせるようになろう！

前日まで

前日までに予定を立て、おうちの人に伝えておく

友だちの家に行くことが決まったら、できれば前日までに、「だれの家に行くのか」「何人で遊びにいくのか」「行く時間・帰る時間」をおうちの人に伝えておこう。友だちの家に手みやげを持っていきたい場合は、おうちの人に相談しよう！

当日

注意点を守り、積極的にお手伝いしよう

左ページで紹介したポイントを守ろう！お泊まりさせてもらうときはとくに、積極的にごはんの準備や片づけを手伝って♪自分の家とはやり方がちがうから、勝手に行動せず、「何かお手伝いすることはありますか？」と聞いてから行動しよう☆

帰宅後

電話でお礼を伝えよう！

家に帰ったら電話でお礼を伝えるのがマナーだよ♪おうちの人に電話をしてもらうときは、どんなことでお世話になったか、何が楽しかったなどを伝えておくとGOOD！

友だちに、「また来てほしいな」と思われたらうれしいよね♪友だちの家だけじゃなく、親せきの家に遊びにいったときなども、お呼ばれのマナーを意識してすごしてね！

マスターした日

月　日

おしゃれ Lv.28

「話したい」と思われる 愛されトーク術

いっしょにいると楽しい子＝話すのが上手な子！
まわりに人が集まってくる、愛されトーク術を紹介するよ♪

もんだい！
話すのが上手な子ってどんな子？

話すのが上手な子は、単に「おしゃべりな子」というわけではないよ。自分のことばかり話していたり、悪口ばかりで盛り上がっていたりすると、聞いているほうもイヤな気持ちになっちゃうよね。話し上手な子は、ずばり楽しい話題で盛り上がれて、さらに聞き上手な子！　だれが相手でも楽しく会話できる子こそが、本当のトーク上手さんだよ♪

答え
楽しい話題で盛り上がれて、人の話を聞くのも上手な子！

ここでちょっとした小話を紹介！　心理学の実験から、人の印象は最初の10秒で決まると言われているんだ！初対面で相手に「やさしい」「親しみやすい」印象を与えることで次に会ったときに話しかけやすかったり、会話がはずんだりと、うれしいことがあるかも♪

トーク上手になる 3つのコツ

コツ 1 まずは自分について知ろう！

　トーク上手を目指すなら、まずは自分のことを正しく知ることが大切！　自分の好きなものを深く理解することで、話のきっかけができるものだよ♪　下で紹介する「好きなものリスト」を埋めて、自分の「好き」をまとめてみよう。

> 自分の好きなものを書き出すのってなんだか楽しいな♪
> どうして好きなのか、その理由もいっしょにメモしておくといいかも！

好きなものリスト

♡20　　年　　月現在♡

☑ 教科

☑ 食べもの

☑ 音楽

☑ 本

☑ 動物

☑ スポーツ

☑ 色

☑ キャラクター

☑ 場所

☑ ドラマ・アニメ・映画

話し方を工夫して心のキョリを縮めよう！

会話するときは、楽しい話題を心がけること、自分の話ばかりしないことにプラスして、次の6つを意識することが大切だよ♪

上手にあいづちを打ってみよう！

あいづちがうまく打てると、相手が気持ちよく話すことができて会話が弾むよ！ ただし不自然にならないように気をつけてね♪

毎日、少しの時間でも会話しよう

会う時間を長くするよりも会う回数を多くしたほうがキョリを縮めやすいよ！ 1日数分でもいいから、毎日会話できるといいね♪

相手の反応もチェックしよう

ついつい自分の話が止まらなくなってしまうこともあるけど、暴走するのはNG！ 相手が楽しめているか気にかけながら話してね♪

相手の意見も聞いてみよう

話のなかで「〇〇ちゃんはどう思う?」などと相手の意見を聞いてみると◎。あまり話せていない子に話題をふれるといいね♪

下の名前でよんでみよう

もう少し仲よくなりたいと思ったらぜひ下の名前や、ニックネームでよんでみよう♪ 先に下の名前でよんでもよいか聞いてみると◎。

自分の話をするときは結論から話すと◎

最初に話す内容を明確にすることで話が脱線しにくくなるよ！ 伝えたいことがわかりやすくなって、より相手に興味をもってもらえるかも♪

相手の心があたたまるような言葉を意識しながら会話をしてみよう♡

ありがとう・ごめんね

何かをしてもらったとき、してしまったときに、素直にお礼や謝罪の言葉を言える子はとてもステキだよね☆

よろしくね

何かをお願いするときはきちんと「よろしくお願いします」と伝えよう！ 相手の都合も考えながら頼むともっとGOOD♪

すごいね！

ほめられるとうれしい気持ちになるよね♪ 相手がすごいと思ったら声に出してほめよう！

どうしたの?

いつもと様子がちがう子がいたら声をかけてみよう。悩みを打ちあけてくれるかも☆

コツ③ 文字でのやりとりにも思いやりをもとう！

手紙やSNSなど、文字で気持ちを伝える機会はいろいろあるもの。文字でのやり取りは顔が見えない分、より慎重に行う必要があるよ。相手に誤解を与えないように注意しながら、文字ツールを上手に使って気持ちを伝えてみよう♪

手紙

かわいくデコってもっと仲よくなろう！

あたたかみのある手書きの文字は、もらうとうれしいよね♪ 文字だけではなく、枠や小さなイラストを添えて、ふだんは言えない気持ちや感謝の思いを伝えてみよう！

SNS・メール

メッセージを送信する前にきちんと読み直そう！

誤解を与えるようなことを言っていないか、相手のことを考えたメッセージになっているか、送信する前にかならず確認を。SNSは知らない人にも見られてしまうから、個人が特定される情報は載せないようにしよう。

お疲れさま！ 愛されトーク術をマスターして、上手にコミュニケーションできるようになろう。相手のことを考えつつ、自分も会話を楽しめるようになってね♪

マスターした日

　月　日

おしゃれ Lv.29

自分に自信をもつと
ミリョクがグンとUP♪

自分に自信をもっている子は、キラキラとミリョク的に見えるもの♡
自信をもつために心がけたいことを紹介するよ！

もんだい！
どうして自信をなくして落ちこんでしまうの？

ピアノスタート
あの子よりじょうずにひけた！
みんなじょうずでついていけない
あの子に負けちゃった…

　　自分に自信がないという子はたくさんいるんじゃないかな？　多くの場合、「自分とまわりをくらべてしまう」のが自信をなくす原因なんだ。当然だけど、得意なことや苦手なことは、一人ひとりちがうから、まわりとくらべて落ちこんだり、自信をなくす必要はまったくないんだよ。

 答え まわりと自分をくらべて、
自分を下げてしまうから……。

ピアノスタート
新曲がじょうずにひけた！
コンクールに出られるくらいじょうずになった

★自信をつけるには

　他人ではなく、過去の自分と比較をして今どれだけ成長したのか考えてみて♪　「今まで話したことがない子と会話できた」「前より少しだけ上達した」とか、ちょっとしたことでもOK！

自信をつけるためのコツ

コツ 1 失敗は「いいこと」だと考える！

「失敗」と聞くと、ネガティブな気持ちになっちゃうよね。でも、「失敗は成功のもと」という言葉があるように、失敗をのりこえることで成長できるもの。「失敗」をステキなものに変えるポイントを紹介するよ♪

「失敗」と聞くと、ネガティブな気持ちになっちゃうよね。でも、「失敗は成功のもと」という言葉があるように、失敗をのりこえることで成長できるもの。「失敗」をステキなものに変えるためのポイントを紹介するよ♪

失敗がステキな理由

失敗＝チャレンジした証だから！

なぜ失敗したと思う？ それはあなたが「チャレンジ」したから！ 勇気をもって挑戦した自分をほめてあげよう♪

失敗したからこそわかることがある！

失敗からは改善点を学ぶことができるもの☆ 改善点が分かったということは未来の成功に近づいている証拠だよ！

自分を見直すことができる！

どうして失敗してしまったのかを考えることは、自分を見直す時間になるんだ。「勇気がある」「努力できる」など、新たな自分を発見できるかも♪

★失敗を恐れずに

失敗がステキな理由は、失敗は成功するためのチャンスになるからなんだね☆ 失敗をしてしまったときはどうしてうまくいかなかったのかをよく考えて、恐れずに新しいことにチャレンジしてみよう！

自分のことを好きになろう！

よい人間関係をつくるには「自分と仲よくなる」ことも大切♪　自分のことが好きで大切にできる人は、友だちとのことも大切にできるものだよ。自分のことが嫌いだと、うじうじして、人のことをうらやんだり、自分とくらべてしまうんだ……。

「わたしはあの子よりかわいくないし」とか、「勉強できないし……」ってくらべてしまうと、自分に自信がなくなって、どんどん自分を嫌いになっちゃうの。148ページで紹介したように、自分の成長を実感して、「わたしってすごい！」って自分で自分をほめよう♪

自分を勇気づけられる！

失敗をしてしまったり、コンプレックスを感じているときも「自分にはほかにもこんなことができる」などと考えられれば、自分で自分を勇気づけられるようになるよ♡

ポジティブでいられる！

ものごとに対してポジティブになれるよ！　前向きな子のまわりには似た子が集まってくるから、よりポジティブになれるはず☆

自分と仲よくすると、いいことがたくさんおきるんだね★

どんな自分も受け入れられる！

自分の嫌いな部分に「見たくない！」とフタをしてしまうのはカンタンだよね。自分の悪いところも受け入れることで、問題点を改善できるよ♪

コツ ③ 「いいこと日記」をつけてみよう！

「いいこと日記」は、名前の通りその日にあった「いいこと」を書いていく日記だよ！　自分の行動や努力したことを書きとめると、自分のことが好きになれるの♪　自信を失ってしまったときは、「いいこと日記」を見直して、自分の成長を実感しよう。

ノートとペンを用意して、まずは1週間続けてみよう★成長や努力の成果が目に見えてわかるようになるよ♪

Let's try♪
こんなふうに書いてみよう！

○月○日（　）
今日はさくらちゃんとはじめてお話できた。好きなアニメがいっしょだった！

○月○日（　）
ちゃんと宿題を終わらせてから遊びに行った。

POINT

よかったことといっしょに友だちの情報も書いておくと次に会うときの会話のネタになるよ☆

POINT

どんなささいなことでもがんばったことなら書いちゃおう♪　ちょっとしたことでも自信につながるよ！

30日、すべての学習を終えることができたね！　おつかれさま♥　おしゃれ以外にも、美容のこと、愛されガールになるための自分みがきのことなど、たくさん勉強できたね！

マスターした日

月　　日

おしゃれ Lv.30

151

1 次の文章を読んで、□ の中に正しければ〇を、あやまっていたら✕を書きましょう。(4×5点)

① 食事中に食べものを口に入れたまま話してもよい。□

② 食事中、遠くにある食器ははしで引き寄せるとよい。□

③ 食事するときに、姿勢を正すと消化にもよい。□

④ 食事中、利き手のひじはついても問題ない。□

2 (　　　)の言葉で、正しいほうを〇で囲みましょう。(10×3点)

♥ めん類を食べるときは、
（髪・はし）が器に入らないように
注意します。

♥ 洋食において、
（食事中・食後）は
ナイフとフォークを
八の字に置きます。

♥ 中華料理の
テーブルは、
（右回り・左回り）
にまわします。

3 ①～④ に当てはまる言葉を、□□□□ の中から選びましょう。(5×4点)

★ 友だちの家にお呼ばれしたときは、

① □□□□□□□□□ を守り、

おうちの人のきちんと ② □□□□□□□□□ します。

★ くつは ③ □□□□□□□□□ 置きましょう。

★ 友だちの家でお手伝いするときは、

④ □□□□□□□□□ するようにしましょう。

> そろえて ／ かくして ／ 時間 ／ あいさつ
> 自分で考えて行動 ／ おうちの人に確認 ／ こそこそ

4 それぞれの注意点について、正しい組み合わせを線で結びましょう。(10×3点)

自信がなくなる理由	•	•	勇気を出した自分をほめる
失敗したらすべきこと	•	•	もう一度読み直して確認する
SNSなどでメッセージを送信する前に行うこと	•	•	人とくらべてしまうから

Test challenge!! おさらいテストに挑戦

これが最後のおさらいテストだよ！ 高得点目指してがんばろう♪

1 次の文章を読んで、□ の中に正しければ○を、あやまっていたら✕を書きましょう。(4×5点)

① 食事中に食べものを口に入れたまま話してもよい。 **✕**

② 食事中、遠くにある食器ははしで引き寄せるとよい。 **✕**

③ 食事するときに、姿勢を正すと消化にもよい。 **○**

④ 食事中、利き手のひじはついても問題ない。 **✕**

2 (　　　) の言葉で、正しいほうを○で囲みましょう。(10×3点)

♥ めん類を食べるときは、
(髪・**はし**) が器に入らないように注意します。

♥ 洋食において、
(**食事中**・食後) はナイフとフォークを八の字に置きます。

♥ 中華料理のテーブルは、
(**右回り**・左回り) にまわします。

152

このテストは100点満点だよ♪

点数を計算して、右の□の中に記入してね！

点

3 ①〜④ に当てはまる言葉を、□□□□ の
中から選びましょう。(5×4点)

★ 友だちの家にお呼ばれしたときは、

① 時間 を守り、

おうちの人のきちんと ② あいさつ します。

★ くつは ③ そろえて 置きましょう。

★ 友だちの家でお手伝いするときは、

④ おうちの人に確認 するようにしましょう。

そろえて / かくして / 時間 / あいさつ
自分で考えて行動 / おうちの人に確認 / こそこそ

4 それぞれの注意点について、
正しい組み合わせを線で結びましょう。(10×3点)

自信がなくなる理由	勇気を出した自分をほめる
失敗したらすべきこと	もう一度読み直して確認する
SNSなどでメッセージを送信する前に行うこと	人とくらべてしまうから

結果発表 30日間、お疲れさま！ 外見と内面、どちらもステキになれたかな？

90点以上

すごーい、お見事！ あなたは内面もみがかれている、完ぺきなステキ女子だね♪

70点以上

あともう少しで高得点！ まちがえたところを見直して、内面をみがいてみてね☆

69点以下

まちがえたところを復習してみよう。内面をみがくと、見た目もグッとステキになるものだよ♡

30日間
おつかれさま！

わたし本当に
変われてる
のかな？

うんっ とっても
ステキだよ🖤
出会ったときの
アヤメちゃんと
くらべてみて

わぁっ

自信がついて
表情も明るく
なったと
思わない？

（自分をもっと好きになる！）

おしゃれ度UP
特別Lesson ♡

「ヒミツ Lesson」ではお勉強できなかった
特別な情報をギュっとまとめた Lesson ♥
みんなが知りたい、シェイプ UP エクササイズや
ヘアアレンジ、ネイルアートを紹介するよ♪
毎日の自分みがきに取り入れてみてね★

**シェイプUP
エクササイズ**
/// 158〜177ページ〜 ///

ヘアアレカタログ
/// 178〜191ページ〜 ///

**ネイルアート
カタログ**
/// 192〜197ページ〜 ///

めざせ、あこがれボディ!

シェイプUP エクササイズ

キレイなボディラインをつくりたい子におすすめの、
シェイプUPエクササイズを特別に紹介♡
おうちでやってみよう!

シェイプUPエクササイズとは?

13日目(68〜71ページ)で、理想のボディをつくるには適度な運動が不可欠って学んだよね♪ 美ボディを手に入れるには、運動の中でも無酸素運動といわれる、「筋トレ」が重要になるんだ。
筋トレにもいろいろ種類があるけれど、ボディラインを整えるなら、イチオシは「シェイプUPエクササイズ」☆ 毎日無理なく続けることで、理想のボディラインを手に入れられるはず♡

> 11〜15日目で学んだ
> 食事やキレイ習慣に
> プラスしてやってみてね♥

シェイプUPエクササイズの流れ

STEP 1

まずはストレッチから
ストレッチは体をほぐす働きがあるんだ。シェイプUPエクササイズをはじめる前にストレッチをすることで、ケガの予防につながるよ☆

STEP 2

エクササイズを実践!
きたえられる部位ごとにシェイプUPエクササイズを紹介しているよ。気になるエクササイズを、1日3〜5つくらいやってみよう☆

STEP 3

最後もストレッチを
ストレッチは、運動のあともかならずやろう。疲労の回復を助けてくれるんだ☆ 運動前と同じ内容のストレッチでOKだよ!

シェイプUPエクササイズのルール

シェイプUPエクササイズに
挑戦する前におさえておきたい5つのルールをまとめたよ☆

ルール1

朝起きてすぐ＆食後は避けよう

朝起きてすぐに激しい運動をするのはさけよう。体のスイッチが入っていないから、ケガをしやすいんだ。また、食後30分〜1時間以内も運動はひかえて。食べものが消化されていない状態で運動をすると、気分が悪くなったり、体に負担がかかったりするよ。それ以外の時間帯なら、基本的に自分の好きなタイミングで行ってOKだよ！

ルール2

できるだけ毎日やろう

この本で紹介しているエクササイズは、体に負担がかかりにくいものばかり。できるだけ毎日続けることで、効果を得られやすくなるよ☆

ルール3

調子が悪い日はお休みを

ケガをしているとき、つかれが残っているとき、熱があるとき、睡眠不足の日など、体の調子が悪い日は、エクササイズはお休みしよう。

ルール4

動きをよく確認しよう

エクササイズのやり方がまちがっていると、狙っている部位にきちんと効かなくなってしまうよ。動きをよく確認してから運動しよう！

ルール5

長期間やめないで

運動を長期間辞めてしまうと、少しずつ体型も戻ってしまうよ。理想のボディになっても、週に2〜3回のペースで続けるとGOOD☆

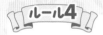

159

ストレッチ

運動の前後にはかならずストレッチをしよう！　ケガを予防できるし、運動後に行うと疲労回復を助けてくれるよ☆

足の後ろをストレッチ

両足をそろえて立ち、息をはきながら上体をゆっくり倒すよ。両手を床かひざにつけて、10〜30秒深く呼吸しよう。足の後ろのラインが伸びていればOK！

アキレス腱を伸ばす

後ろ側の足のつま先は、正面に向けてね。

足を前後に開き、両手を前側のひざや腰に置くよ。前側の足のひざを曲げ、後ろ側の足のアキレス腱を10〜30秒伸ばそう。反対側も同じように！

体を左右にツイスト！

両手を体の後ろで組んで伸ばすよ。足は腰幅に開き、体を左右にツイスト！　腕と上半身をストレッチできるよ。

右→左→右……と、交互に10回ずつくらいツイストしてね♪

無理のない範囲で足を
開いてやってみよー！

開脚して上体を前へ

お尻を床につけて座り、両
足を大きく開いてね。息を
はきながら、上体を10〜
30秒ゆっくり前に倒そう。

4

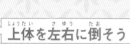

上体を左右に倒そう

4の姿勢から上体を起
こし、体を左右それぞれ
に倒して、わきを10〜
30秒しっかり伸ばすよ。

体を倒すときも、つ
ま先は天井の方を
向けておこう！

5

首をまわそう

最後に首を左
右に倒したり、
ゆっくりまわ
すよ。これで
ストレッチは
バッチリ♪

6

スクワット

太ももやお尻、足全体を引きしめられるスクワットに挑戦しよう。全身の血のめぐりがよくなるから、毎日やってもOKだよ♪

胸をしっかり張ろう！

足を少しせばめて立つ

足を腰幅くらいに開いて立つよ。両手は後頭部で組んでね。つま先は、少しだけななめ外側に向けてもOK！

10回で1セット！

腰を下ろして、上げよう

背すじを伸ばし、上体を少しだけ前に倒して、お尻をつき出すようにして腰を下ろすよ。胸は張ったまま！ 太ももが床と平行になるくらいまで下げたら、大きく息をすい、はきながら 1 の姿勢に戻ろう。

ひざがつま先より前に出ないように！

左のイラストのように、ひざがつま先より前に出ないようにしてね。ひざを痛める原因になるし、効果も半減してしまうよ。

×

立ったときに休まずに、すぐにしゃがむと効果がUPるんだって♪

スクワットよりも足を大きく開いて行う、ワイドスクワットを紹介♪　太ももの内側に効果が期待できるの。

1

足を大きく開いて立つ

足を腰幅より広めに、大きく開いて立つよ。つま先はなるべく外側に向けて、お尻をキュッと引きしめてね。

ひざとつま先の向きが同じになるようにしてね！

10回で
1セット！

上体をまっすぐにして、背すじを伸ばそう

2

腰を下ろして
→上げる

腰をしっかり下ろし、大きく息をすうよ。戻るときは息をはきながら、お尻を引きしめ、太ももの内側を意識しながら立ち上がってね。

かかとは浮かないように！

163

レッグランジ

お尻全体をキュッと引きしめるエクササイズだよ！ お尻がひきしまると、足が長く見えるから、ぜひチャレンジしてみて♪

後ろ足のひざを伸ばしてもOK

足を大きく開き、後ろ足のひざを伸ばして行ってもOK。太ももに効果が期待できるエクササイズになるの♪

左右交互に
10回で
1セット！

前のひざは90°くらいまで！

後ろ足のひざは、床につけないでね

片足をふみ出して腰を落とす

足をそろえて立つ

両足をそろえ、胸をはってまっすぐ立つよ。両手は腰に当てるか、後頭部で組んでね。

片足を前に出したら、背すじを伸ばしたまま、両ひざをグッと曲げて腰を落として息をすうよ。息をはきながら1の姿勢に戻ろう。反対側も同じように行ってね。左右で1回だよ♪

シザース

寝転がって、足を閉じたり開いたりするエクササイズ。太ももの内側のぜい肉を撃退しちゃおう！

1 足をまっすぐ上へ

あお向けになって、両手は後頭部の後ろか、お尻の横につくよ。足を天井に向かって持ち上げよう。両足はそろえてね。

腰が浮かないように注意！

手をお尻の下に入れると、ラクにできるわよ♪

2 足を「パカパカ」させる

息をすいながら両足を大きく開き、はきながらもとに戻す！このとき、太ももの内側にしっかり力を入れてね。開いて→閉じるで1回だよ♪

10回で1セット！

ヒップリフト

腰やお尻に無理なくアプローチするエクササイズだよ♪　負担が少なめだから、腰が弱い人でも挑戦しやすいんだ！

1

あお向けに横になる

ひざと足は腰幅くらいに開こう！

あお向けになって、ひざを立てるよ。手は体の横にそわせるようにして伸ばすか、後頭部で組んでね。

2

腰をゆっくり持ち上げる

5回で1セット！

あごを引いて胸のほうを見て！

息をはきながら、腰を天井に向かって上げていくよ。息をはききったら1の姿勢に戻ってね。なれてきたら、床にお尻をつけずにくり返すと効果UP♪

名前の通り、後ろへキックするよ。お尻の上のほうに効くエクササイズだから、脚長見せがかなうかも♡

1

ひざは 90°くらいに！

ひじをついてよつんばいになる

よつんばいの姿勢になるよ。ひじは肩の真下あたりについてね。

左右各10回で1セット！

足を上に上げる

2

お尻に力を入れ、息をはきながらひざを上げ、後ろに向かってキック！息をすいながらもとの姿勢に戻ってね。左右同じ回数やろう！

足を上げるとき、お尻やおなかを引きしめながら！

✕ 腰をそらせすぎない！

足を上げるときにはずみをつけたり、腰をそらせすぎると、腰を痛めちゃうんだ……。

\NG!/

クランチ

クランチは腹筋をきたえるエクササイズだよ。おなか全体を引きしめられるから、姿勢に気をつけながら挑戦してみよう♪

足とひざは肩幅くらいに開こう！

1

あお向けになる

ひざを立てて、あお向けになるよ。手は伸ばして、ももの上あたりにそえよう。大きく息をすって……。

2

両手でひざをタッチする

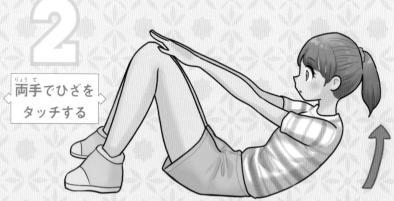

腰からウエストあたりまでを床から離さないように気をつけながら、背中を丸めて両手でひざをタッチしよう！ 息をはき、その姿勢のまま1〜2秒キープしたら１の姿勢に戻るよ。

5回で
1セット！

クランチに、ねじり……ツイストをプラスしたエクササイズ。わき腹をきたえてくびれをつくっちゃおう♡

1 あお向けになる

足とひざは肩幅くらいに開こう！

ひざを立てて、あお向けになるよ。両手は後頭部で組んでね。大きく息をすって……。

2 ウエストをツイスト！

ウエストをしっかり「ねじる」と効果がUPするの☆

10回で1セット！

息をはきながら、背中を丸めて、ウエストをツイストさせるよ。同時に、左ひざを上げて体に近づけ、右ひじと左ひざをくっつけてね。むずかしい子は、近づけるだけでもOK。左右で1回だよ。

ニートゥチェスト

おなかの下のほうの筋肉をきたえるエクササイズだよ♪ 腸の動きがよくなって、便秘を改善する効果も期待できるの！

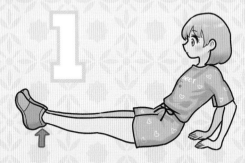

足を伸ばして座る

足を伸ばし、お尻をついて座るよ。両手をお尻の後ろについたら、おなかに力を入れて両足を少し床から浮かせてね。ここで大きく息をすって……。

ひざを胸に近づける

息をはきながら、ひざを胸に近づけるよ。腰を痛めないように気をつけてね。

肩をすくめないように注意！

10回で
1セット！

片足ずつ
行っても OK

両足同時に行うのがむずかしい場合は、片ひざずつ交互に胸に近づけても OK だよ♪

名前の通り、横に向かって足を上げるエクササイズ！太もものつけ根からヒップの外側に効果が期待できるの☆

1

よつんばいになり、ひざをつく

両手を肩の下について、よつんばいになるよ。

ひざは90°になるように！

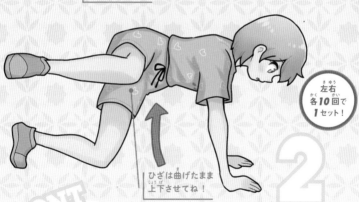

左右各**10**回で**1**セット！

ひざは曲げたまま上下させてね！

2

FRONT

ひざを横に持ち上げる

息をはきながら、ひざを横に向かって上げるよ。できるだけ高く上げてから、1の姿勢に戻ってね。

171

プルオーバー

うでのつけ根から、わきにかけてのエクササイズだよ☆ 肩まわりが引きしまると、ウエストもくびれて見えるものだよ♪

ひざは腰幅に開こう！

イスに背中をのせて腕を上げる

このエクササイズではイスを使うよ。イスに背中をのせ、ひざを曲げるよ。重り（500㎖のペットボトルなど）を両手で持って、息をすいながら天井に向かって手を上げよう。イスが動かないように注意！

腕を頭のほうに下ろす

10回で1セット！

息をはきながら腕を頭のほうに下ろすよ。最後にひじを曲げて、おもりのペットボトルを床に近づけてね。息をすい、はきながらもとに戻すよ。

デッドリフト

腰の後ろの筋肉をきたえる
エクササイズ！ おなかの
横のぜい肉にもアプローチ
できるから、くびれ効果も♪

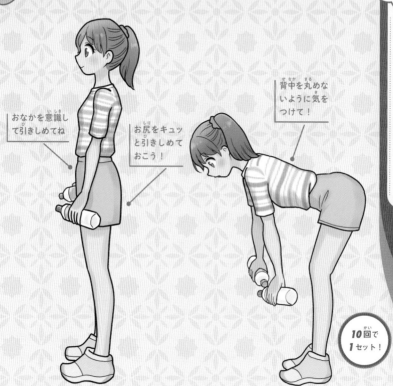

おなかを意識して引きしめてね

お尻をキュッと引きしめておこう！

背中を丸めないように気をつけて！

10回で
1セット！

1 足を肩幅に開いて立つ

両手にそれぞれ、重り（500㎖の
ペットボトルなど）を持ってね。
足を肩幅に開いて立つよ。

2 上体を前に倒す

ひざを少し曲げ、上体を前に倒すよ。
手をひざより下げてから息をすい、
はきながら1の姿勢に戻ってね。

173

ワイドプッシュアップ

プッシュアップとは、腕立て伏せのこと！ 腕と胸の筋肉をきたえるエクササイズだよ。バストラインがキレイになるの♪

1

両手とひざを床につく

よつんばいの姿勢から、ひざを少し後ろに引くよ。両手は肩幅より広めに、指先は少し内側に向けて「八」の字にしてもOK！

体重を両手の平にのせてね

きつい子は、ひざを少し前に寄せるとラクにできるよ！

胸を床に近づける

2

10回で
1セット！

腕を曲げ、胸を床に近づけよう。息をはきながら、1の姿勢に戻るよ。

よゆうがある子はひざを上げて

ひざをついてラクにプッシュアップできるようになったら、ひざを床から浮かせてみて。ただ、かなりきついエクササイズだから、無理はしないでね！

ナロープッシュアップ

プッシュアップのひとつだけど、手をつく幅をせまくして行うよ。腕や肩まわりに効果があるの☆

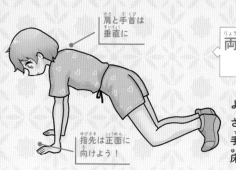

肩と手首は垂直に

指先は正面に向けよう！

1

両手とひざを床につく

よつんばいの姿勢から、ひざを少し後ろに引くよ。両手は肩幅くらいせまくして床についてね。

2

ひじを体にくっつけるイメージで曲げていってね！

10回で1セット！

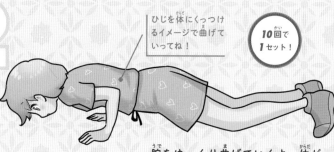

胸を床に近づける

腕をゆっくり曲げていくよ。体が床すれすれになるまで曲げ、息をはきながら ■ の姿勢に戻ってね！

壁を使ってもOK！

床で行うのがむずかしい子は、壁に手をついてやってみてね！ひじの曲げ方など、床で行うのと姿勢は同じだよ☆

175

バーピー

最後に、有酸素運動と筋トレを合わせて行えるエクササイズを紹介するよ☆ かなりきついから、無理のない回数からはじめてね！

1

まっすぐ立つ

姿勢を正してまっすぐ立つよ。

2

ひざを曲げてしゃがむ

ひざを曲げてしゃがみ、両手を床についてね。

3

ひざを伸ばして後ろへ

2の姿勢から、両足をそろえてジャンプし、ひざを伸ばしてつま先を後ろのほうにつくよ。体はまっすぐでキープ！

◆4◆ ❷の姿勢に戻る

ひざを曲げて、再び
❷の姿勢に戻るよ。

4

5

10回で
1セット！

天井に向かってジャンプ！

立ち上がって、天井に向かって
ジャーンプ！　❶〜❺までで1
回だよ。

運動中はこまめに水分補給を！

運動中は水分補給をおこたらないで！　汗をかくとミネ
ラルも失われるから、ミネラルウォーターなどを飲むの
が◎。また、運動後、汗をかいたままにすると、体が冷
えてしまうよ。すぐに汗をふいて、服も着替えよう！

運動は無理せずに行
うことが大切！
毎日コツコツやれば、
できることが増えてい
くはずよ♪

ヘアアレ カタログ

ヘアアレンジは、お金をかけずにかわいくなれる、魔法♡
かわいすぎるヘアアレを、テイスト別に
大紹介しちゃうよ！

ヘアアレのテクを組み合わせてアレンジ！

ヒミツ Lesson の21〜25日目(108〜127ページ)で、
ヘアアレの基本テクをたくさん学んだよね♪ ここ
では、基本テクを生かしたかわいいヘアアレンジを、
12種類紹介するよ☆ どれも10分以内でできるア
レンジだから、学校に行く前や休日のお出かけの
朝などに、ぜひチャレンジしてみてほしいな！

> 練習すれば、不器用さんでも
> きっとできるようになる！
> がんばってトライしよ〜♥

テイスト別アレンジを紹介！

ガーリー

180ページ〜

キュートなハーフアップやみ
つあみアレンジが中心☆

ポップ

184ページ〜

元気いっぱいなフンイキ☆ 通
学にもおすすめだよ♪

姉っぽ

188ページ〜

大人っぽく見せたい子にイチ
オシのテイスト！

ヘアアレカタログ Q&A

ヘアアレカタログの使い方を、ギモンに答える形で
解説していくよ！　しっかりチェックしてね♪

Q 髪の長さが短くてもできる？

この本で紹介するアレンジは、ミディアムヘア以上の長さの子が挑戦しやすいものが中心。長さが足りなくて、ショートヘアの子にはちょっぴりむずかしいアレンジもあるよ。前髪みつあみピン（180ページ）やくるりんハーフツイン（182ページ）などのハーフアップ系のアレンジは、髪が短い子でも挑戦しやすいからぜひチャレンジしてみて！　ちなみに、髪の長さの目安は下を参考にしよう☆

髪の長さの目安

ショートヘア

髪を下ろしたとき、毛先が肩につかないくらいの長さの髪型だよ。

ミディアムヘア

髪を下ろしたとき、毛先が肩より下～鎖骨くらいまでの間の長さの髪型。

ロングヘア

毛先が鎖骨よりも長い髪型。さらに長い場合、「スーパーロング」ということも！

Q 自分にぴったりのテイストを知るには？

ファッションのテイスト（36ページ～）を参考にすると◎。ファッションの6テイストの中で、ガーリー、ポップ、姉っぽは、ヘアアレも同じ名前のテイストが似合うよ☆　そのほかのテイスト、カジュアルはガーリー、クールは姉っぽ、スポーティーはポップのヘアアレがおすすめ☆

Q ヘアアレがうまくいかないときは？

ここで紹介するヘアアレは、基本テクを組み合わせたものばかり。もし、うまくいかなかったり、むずかしいと感じる場合は、基本テクを学び直すことが大切！とくに、「結ぶ」などの超基本テクは、ふだん当たり前にやっているからこそ、基本がおろそかになりがちなの。

前髪みつあみピン

ヘアゴム	アメピン	カチューシャ
細めのシリコンゴムを1本用意しよう。	1本用意してね。みつあみをとめるのに使うよ。	最後にセットすると、よりかわいく仕上がる♡

1 前髪をななめに流してみつあみするよ。毛先まであんで、ゴムで結んでね。

2 結び目をおさえながら、あみめをふんわりゆるめて。

3 みつあみを耳の上あたりでピンでとめよう。後れ毛を残してサイドの髪を耳にかけたら……。

完成 カチューシャをくずれないように気をつけながらセットすれば、できあがり♡

さりげないみつあみでキュートさが倍増♥

ガーリー Girly

ひつじ風おだんご

用意するもの

ヘアゴム	アメピン
目立ちにくい茶色か黒のシリコンゴムを2本用意してね。	おだんごをとめるのに使うよ。4本以上必要だよ！

アメピンは、片側のおだんごあたり、2本以上使うの♪

1

髪全体を2つに分け、耳上の後ろよりでツインテールにするよ。結んだ毛束を毛先までグルグルねじって。

2

ねじった毛束を、ゴムにグルグルと巻きつけよう。大きくなりすぎないように平らに巻くのがコツ。

3

おだんごにピンをさしてしっかり固定し、くずれないように形を整えよう。

完成

ひつじみたいなツインおだんごがかわいい

反対側も同じようにおだんごをつくったら、できあがりだよ☆

ガーリー Girly くるりんハーフツイン

用意するもの

ヘアゴム

2本用意してね。カラーゴムや、飾りゴムを用意してもかわいいアレンジだよ♡

くるりんぱに使うヘアゴムは、細めのシリコンゴムがベスト！

1

トップの毛をセンターで分けて、耳上でゴムで結ぼう。

2

♥の結び目の上に指ですき間を開け、毛束を上から通してくるりんぱ！

3

♥の毛束をふたつに分け、左右に引っ張ってすき間をなくそう。

完成

ハーフツインにちょこっとアクセント♡

反対側も同じようにくるりんぱしてね。結び目に飾りゴムをつけても♡

ガーリー Girly　あみこみつあみリング

用意するもの

ヘアゴム	アメピン
目立ちにくい細めのシリコンゴムを、2本用意してね。	おだんごを止めるのに使うよ。4本以上用意しよう。

アメピンは、片側のおだんごあたり2本以上必要になるの♪

1 髪の毛を後頭部で2つに分けるよ。片側から、耳下まであみこみしてね。

2 残りの髪をみつあみして、毛先をゴムで結ぼう。反対側も同じようにやってね。

3 結び目をおさえながらあみ目をゆるめて、ボリュームを出してね。次に、みつあみを耳下に折りたたんで……。

完成 折りたたんだみつあみの毛先をピンで固定してね。反対側も同じようにリングをつくったら完成だよ!

あみこみ×みつあみ、×わっかの上級アレ♡

ぽこぽこ★おさげ

ヘアゴム	飾りゴム
細いシリコンゴムを用意。髪が長い子は、左右合わせて10本くらいあると◎。	ぽこぽこの部分を飾りゴムで結んでもかわいく仕上がるよ♡

1

髪全体を後頭部で2つに分けてね。耳の下あたりにゴムで結ぶよ。

2

結び目から3〜5cmくらいあけたところを結ぶよ。等間隔で、毛先まで結んでいってね!

3

毛束を指でつまんで、丸くふくらませよう。玉ねぎみたいな形になればOK♪

完成

カンタンなのにポップでかわいすぎ★

反対側も☆〜③と同じようにやってね。上下のゴムをちがう色にしたり、飾りゴムをつけるとさらにかわいいよ♡

ポップ Pop おだんごMIX（ミックス）ツイン

用意するもの

ヘアゴム	アメピン
髪をまとめるのに2本使うよ。かくれるから、何色でも◎。	毛束をとめるのに使うよ。目立ちにくい黒か茶色を選ぼう。

アメピンは、片側のおだんごあたり2本以上使うの！

1 髪全体を後頭部で2つに分け、耳の上あたりで結ぶよ。コームを毛先から根もとに向かってかけて、逆毛を立てよう。

2 片方ずつ**1**の毛束を2つに分けて。手前の毛束の根もとの毛を、絵のようにわっかにして、結び目の近くにピンで止めよう。

3 もう一方の毛束も後ろに向かってわっかをつくってピンで止めるよ。リボンみたいなWわっかができたね☆

完成

反対側も★～★と同じようにわっかをつくってね。最後に、わっかの形を整えたら完成だよ♪

リボンみたいなW（ダブル）わっかがキュート♪

185

Wのハーフアップ
（ダブル）

用意する
もの

ヘアゴム

細いシリコンゴムを2本用意しよう。
色は何色でもOKだよ♪

このアレンジなら、わたしみたいに髪が短くてもできそう！

1

前髪を持ち上げて、トップと合わせるよ。
きっちり取り分けず、ざっくりでOK。

2

1でまとめた毛束を目の上あたりで結ぶよ♪　でも最後までは結ばずに……。

3

最後の1回を結ぶとき、ゴムを抜ききらないで小さなわっかをつくろう！　これがつのになるよ☆

完成

ショートでもできちゃうヤンチャ系アレンジ★

反対側も1〜3と同じように、つのをつくったら完成だよ！

ポップ Pop みつあみMIX（ミックス）おさげ

用意するもの

ヘアゴム

リングゴムを2本と、細いシリコンゴムを6本以上用意してね。

つくりたいみつあみの数に合わせてヘアゴムを用意してね♪

1

髪をセンターで2つに分けて、耳の後ろあたりで2つ結びにするよ。

2

結んだ毛束の中から、少しだけ毛を取り分けてね。

3

取り分けた毛束をみつあみにして、毛先をゴムで結ぶよ。

完成

みつあみMIX（ミックス）でグッとはなやかに♥

左右の毛束、それぞれ3本くらいずつみつあみにしたら完成だよ！

187

サイドあみこみつあみ

ヘアゴム

シリコンゴムを1本用意しよう。何色でもOKだよ♪

あみこみ×みつあみの上級アレンジ！練習してみましょ♥

1 髪の毛全体を9：1くらいに分け、多いほうの毛を前髪ごとトップからあみこみしていくよ。

2 あむ毛がなくなるまできつくあんだら、残りの毛はみつあみにしてね。

3 毛先までしっかりみつあみできたら、毛先をゴムで結ぶよ。

完成

ワンサイドに流してグッと大人っぽ♥

あみ目をゆるめず、きっちりあむのがポイント☆ 毛先に飾りゴムをつけても◎。

ねじ②サイドテール

用意するもの

ヘアゴム	ダッカール	ヘアピン
黒か茶色の太めのリングゴムを1本用意してね。	ふたつ用意してね。毛束をとめておくのに使うよ。	アメピンを3～5本用意してね。

1 両サイドの毛を取り分けてダッカールでとめてね。残りの毛を左に寄せて、ひとつに結ぼう。

2 残しておいたサイドの毛を、右からゆるめにねじって、❶の結び目に巻きつけてピンでとめるよ。

3 左の毛束も同じくゆるめにねじって、❶の結び目に巻きつけてね。

完成

ワザありサイドテールでまわりの視線をクギヅケ

❸の毛束をピンで固定したら完成☆ ピンをななめにさすとくずれにくいよ。

189

姉っぽReady

みつあみカチューシャ

用意するもの

ダッカール	ヘアゴム	アメピン
髪を取り分けておくのに使うよ。	細めのシリコンゴムを2本用意してね。	黒か茶色のピンを、3本以上用意するよ。

1 トップの毛をセンターで分けるよ。片側はダッカールでとめておいてね。

2 ❶で分けた毛をさらに3つの束に分けて、毛先までみつあみしてゴムで結ぶよ。反対側も同じようにみつあみしてね。

3 片方ずつ、みつあみを反対側の耳まで持っていき、耳の後ろでピンでとめてね。

完成 みつあみの真ん中あたりを2本合わせて、地肌の髪にピンどめしよう!

ガーリーヘアの王道 みつあみでカチューシャ♥

190

Wくるりんぱハーフ
ダブル

用意するもの

ヘアゴム

目立ちにくい、黒か茶色のシリコンゴムを2本用意しよう。

カンタンそうなヘアアレなのに、こって見えるなんてすごいな♥

1　トップの毛を後頭部に集めて、ゴムでひとつに結ぶよ。

2　①の結び目の上をあけ、毛束を通してくるりんぱ！　結び目をおさえながらくるりんぱした部分の毛を引き出そう。

3　サイドの毛を①の結び目より少し下で結んで、同じようにくるりんぱ！

完成

2回のくるりんぱでレディライクなハーフアップ

くるりんぱした部分を指でかるくほぐしてふわふわにしたら、完成だよ☆

191

特別な日にトライしたい！

ネイルアート カタログ

ネイルアートとは、マニキュアで指先を彩る
テクニックのこと！　お休みの日や、
特別なお出かけの日にぜひトライしてみよう☆

いろいろなネイルアート

5つのネイルアートの
テクニックを解説するよ♪

ライン

1色目をぬるよ。かわいたら、別の色のマニキュアをハケにとり、角でラインを引こう。

①で引いたラインの上から、何度かマニキュアを重ねてラインを太くするよ。

①～②の手順で、ラインを何本か引こう。最後にトップコートをぬれば完成だよ☆

フレンチネイル

1色目のマニキュアをぬって、かわくまで待とう。色は、白がおすすめだよ☆

マスキングテープを用意してつめの先に貼り、1色目とは別の色をぬろう！

マスキングテープをはがせばできあがり！　仕上げにトップコートをぬってね☆

グラデーション

マニキュアをつめ全体にぬるよ。このあと重ねぬりするから、うすくても大丈夫！

①の同じ色を、つめの先から3分の2のところから、つめ先に向かってぬるよ。

つめの先にだけ、①と同じ色をもう一度重ねぬり！　トップコートで仕上げて完成。

パーツアート

つめにつけたいパーツとピンセットを用意。今回はラインストーンを使うよ☆

つめに好きな色のマニキュアをぬり、かわかないうちに①のパーツをのせよう！

②の上からトップコートをぬろう。これで、パーツがしっかり固定できるの♡

ペイント

まずは、ベースの色をぬるよ。しっかりかわくまで待とう。

好きな色のペンで、つめに絵を描こう。ポスターカラーが発色もよくてイチオシ！

②のインクがかわいたら、上からトップコートをぬれば、ペイントネイルの完成☆

次のページからは、ここで紹介したテクを応用した上級ネイルアートを紹介するわよ♪

モチーフ別
ネイルアートカタログ

かわいすぎるネイルアートデザインを、
7つのモチーフ別に紹介しちゃうよ♪

スイーツ

キュートなスイーツモチーフは、JS のあこがれ♡　とくに、チョコレートのモチーフは、バレンタインシーズンにぴったり☆

ピンク×チョコレートカラーのガーリーな組み合わせ♡　ハートのワンポイントがキュートだね♪

プリンモチーフのネイル。さくらんぼは、ネイルシールを貼るのがカンタンでおすすめ！

アイスモチーフの、夏にぴったりなネイル！ラメ入りトップコートではなやかに♪

お花モチーフのネイルは、とくに
春にぴったり♡　好きな花をつめ
に描いて、気分を上げちゃお♪
シールも上手に活用してみて！

小さな黄色い花は、中
心にラインストーンを
あしらって。茎をクロ
スさせたのもポイント。

ドライフラワーのシー
ルを使ったよ。ライン
ストーン＆金のラメ入
りトップコートをON。

花の中心にラインストーンを配置＆ドットでつくる
キュートなネイル♡　トップコートはラメ入りが◎。

フルーツをモチーフにしたネイル
は、はなやか＆ポップで夏にイチ
オシ♪　ビビッドな色でパキッと
仕上げるのがおすすめだよ！

むらさき色のラインス
トーンでつくったぶど
うネイル。ななめスト
ライプがかわいい♡

いちごをモチーフにし
たネイルだよ。へたが
つめの根もとに来るよ
うにすると◎。

オレンジをモチーフに、ストライプ＆星をちりばめた
ポップなネイル。オレンジのネイルシールも活用して♪

195

マリン

海をイメージしたマリンネイルは、夏にぴったり♪　赤×青×白のトリコロールや、シェル（貝）モチーフのシールをあしらってみてね☆

まるで人魚姫♡　ラメ入りネイルで、グラデーションをななめにかけたのがポイント！

青〜白でグラデをつくりつつ、白のラインで波を表現。シェル＆ストーンもたっぷり♪

トリコロールカラーの王道マリンネイル。いかりや操舵などは、シールを使っているよ！

和風

初もうでのときにぜひ挑戦したい和柄ネイル！　最近は、人気アニメの影響で大人の間でもはやってるの。まわりと差をつけたい子に◎！

黄緑色でグラデをかけ、白ライン×こんぺいとうみたいなカラフルな〇でポップに☆

赤×白の市松模様がポイント。和っぽい花のネイルシールを貼ると、グッと大人っぽく仕上がるよ♪

日本の心、桜ネイルだよ♡　ピンク〜白のグラデで、大人ガーリーに仕上げました！

ハロウィーン

10月31日のハロウィーンは、コスプレといっしょにネイルもハデ②にしちゃお♪ 黒のマニキュアか、サインペンはぜひ用意して！

むらさきをベースに、赤のドットを散りばめて。ネコの絵は、サインペンでも書けるよ。

白のベースをぬって、サインペンでミイラ風に。少ない材料でカンタンにできちゃうよ♡

パンプキン＆お化けモチーフの、王道ネイル！ オレンジ×黒ラインは、ハロウィーンっぽさましまし②でしょ♪

クリスマス

1年のお楽しみ、クリスマスモチーフのネイルに挑戦♪ プレゼントやサンタ、雪だるまをあしらえば、ハッピーなつめ先になる♡♡

冬にぜひ挑戦したい、雪の結晶ネイル。シールとラインストーンを使えばカンタン♪

サンタクロースの顔がドーン！ 親指だけサンタを描いて、あとは緑でぬるとバランス◎。

赤×緑の王道クリスマスカラーをセレクト。プレゼント風、雪だるま、ツリーと、モチーフてんこもり☆

自分自身を
大切にしよう

ここからは、ちょっとマジメなお話！ 世の中にひそんでいるかもしれない危険から身を守る方法をお伝えします。

身近な危険から
自分を守る方法を知ろう

　この本を読んだあなたは、おしゃれの基本ルールやかわいいテイスト、シェイプUPやボディケアのやり方、ヘアアレのテク、愛されるふるまいやマナーを身につけられたよね♪　そんなステキなあなたのまわりには、いろいろな危険があるかもって知ってほしいの。自分をみがくことはとてもステキなことだけど、それ以上に、自分の身を守り、自分自身を大事にする方法を知っておこう☆

Danger!!!!!
身近な危険とは？

子どもをねらう
悪い人

インターネットに
ひそむワナ

大地震や
自然災害

子どもをねらう悪い人

もんだい 次の3人のうち、あやしいのはだれ？

 すぐわかるよ！ 真ん中のサングラスをかけた人でしょ？

答え 知らない人は全員「あやしい」と思おう！

「答えが"全員"なんて、引っかけ問題だ！」って思った子もいるかもしれないね。でも、あやしい人を見た目だけで判断しようとするのはとても危険なことなの。知らない人に話しかけられたら、その人がどんな見た目だとしても、「あやしい人かもしれない」と思うべきなんだよ！また、たとえ顔見知りの人だとしても、「車で送ってあげるから乗っていく？」などと言われた場合、おうちの人に許可をもらっていたり、友だちの保護者の車に友だちといっしょに乗るとき以外は、しっかり断って。自分の身を守るためには、「あやしい人かも？」「どこかに連れていこうとしているのかも？」って、警戒しすぎなくらいでいいんだよ！

引っかけ問題、ずるい！
って思ったけど……。たしかに、
あやしい人はあやしい格好で
近づいてこないかも〜!!

あやしい人から身を守るには

1 危険な場所には近づかない

　街中には、危険なスポットがいっぱい！　危険な場所に立ち入らないことはもちろん大事だけど、周囲の様子に注意を向けて、危険がないかどうか観察する力をもつことも大事なんだ。ここでは、屋外、建物の中、家の中の危険な場所を紹介するよ。

 屋外の危険スポット　DANGER SPOT

📍暗がりの道

人があまり歩いていない道は、何かあったときに助けをよべないんだ。とくに、高い木がたくさん植えられているようなところは、あやしい人が姿をかくしやすく、悪い人には好都合な場所なの。

📍見通しの悪い場所

建物のかげや公園のトイレのかげなど、人目につきにくい場所は気をつけて！　公園は楽しい遊び場だけど、高い木や遊具などにかくれやすく、危険がひそむ可能性もあるんだ……。

📍駐車場

駐車している車にもし悪い人がひそんでいたら……？　車の中に連れこまれてしまう事件もあるよ。それに、事故も心配だよね。用もないのに、駐車場に入って遊ぶのはやめよう！

建物の中の危険スポット

♀エレベーター

ドアが閉まると、人が出入りできない密室になって逃げられなくなってしまうんだ。見知らぬ人とふたりになってしまったら、用事を思い出したふりをして、エレベーターからすぐ降りて。

♀階段

エレベーターやエスカレーターがある施設では、階段を使う人が少なく、また人目につきにくい場所にあるんだ。エスカレーターなど、たくさん人がいてにぎやかな場所にいるようにしてね！

♀スーパーやショッピングモール

自由に人が出入りできる場所だから、あやしい人がひそんでいてもわかりづらいの。「怖い！」と感じることがあったら、すぐに周囲の人に助けを求めよう！

♀トイレ

スーパーやショッピングモールのトイレは、建物の奥のひっそりとした場所にあることが多く、事件も多いんだ。トイレにはひとりで行かず、かならずおうちの人や友だちに入り口の前で待っていてもらおう。個室に入る前に、おかしなことはないかしっかり確認してね！

学校帰りに公園のトイレへ……なんてことがないように、学校や家でトイレに行ってから出かけるといいよ！

家の中の危険スポット

♀玄関前

家まであとをつけてきて、ドアを開けたときにいっしょに入りこもうとする悪い人がいるんだ。カギを開ける前にまわりに人がいないかをチェックする、だれもいなくても「ただいま」というなどを、かならず行って！

♀室内

子どもが玄関でカギを開けているのを見て、おうちの人の不在を知った悪い人が留守番中にたずねてくるかも……。留守番中は、玄関のチャイムが鳴っても出なくてOKだよ。

留守番のときのルールをおうちの人と話しておくといいよ！

2 危険に気づけるようにする

近くに危険がひそんでいるかはだれにもわからない。だからこそ、街中では、危険がひそんでいないかを"想像"することが大切なんだよ。止まっている車を見て「もしかしたら悪い人が乗っているかもしれない」、トイレの個室に入る前に、「だれかかくれていないかな?」など……。また、周囲に注意をはらえるように、歩きスマホをしたり、音楽を聞きながら道を歩くのもやめよう!

危険に気づくためのポイント

危険な場所を知る

200〜201ページで紹介したような「危険な場所」を知っておくと、「●●がひそんでいるかも!」と想像をはたらかせやすくなるんだ。

ひとりにならない

いっしょにいる人数が多いと、それだけ危険にも気づきやすいよ。友だちといっしょに帰ったり、おうちの人に送りむかえをたのもう。

周囲をよく観察する

歩いているとき、キョロキョロあたりを見わたしたり、ときどき後ろを振り返ろう。「警戒心が強い子」には、悪い人も近づきにくいよ。

悪い人は、ひとりいる子をねらうことが多いの。できるだけひとりにならないようにしなきゃ!

3 おうちの人に居場所を伝える

遊びに行くとき、きちんとおうちの人にどこに行くか伝えているかな？　だまったまま出かけると、何かあったときにおうちの人が助けに来られなくなってしまうんだ……。キッズ携帯やスマホを持っていたとしても、出かける前にはかならず「だれと」「どこに行くか」「何時に帰るか」を伝えるようにしよう！

4 危険を感じたらすぐに逃げる！

いざというときのために、悪い人から身を守る方法を知ることが大切だよ！　車から知らない人に話しかけられた場合は、車の進行方向とは反対（車がおしりを向けている方向）に逃げよう。車はすぐにUターンできないから、逃げられるよ。逃げるときは大声で「助けて！」「やめろ！」といいながら、走って逃げよう。すぐに使える位置に防犯ブザーをセットしておくことも忘れずに。また、あやしい人から逃げるとき、家にすぐ帰ると相手に自分の家を知られてしまうんだ。いったん交番やコンビニなどに逃げ、おうちの人に連絡をしてむかえに来てもらってね。

逃げるとき、荷物を持っていたら、置いて逃げてね。荷物がないほうが早く走れるし、相手との間に障害物を置けるの。命を優先する行動をとろう！

危険2 インターネットにひそむワナ

インターネットは便利だけど危険もいっぱい！

　インターネットとは、世界中のコンピュータをたくさんの回線でつないで、情報をやりとりできるようにしたもの。スマホやパソコンを回線につなげることで利用できるよ。知りたいことを調べられたり、人とコミュニケーションをとりやすい反面、危険もいっぱいひそんでいるんだ。インターネットを安全に使えるように、危険性をきちんと知ろう！

インターネットの危険

- 情報にはウソもたくさんある
- 悪い人にだまされたり、いやがらせを受けることがある
- 一度発信した情報は、世界中に広まって取り消すことができない
- 直接会うより、コミュニケーションをとるのがむずかしい

インターネットを安全に使うには

インターネットについて正しく知る

インターネットの特徴や、使用するうえでの決まりについてしっかり勉強しよう。知らずに使っていると、危険に巻きこまれやすいよ。

フィルタリングサービスを利用しよう

危険な情報にアクセスできないようにするサービスだよ。トラブルに巻きこまれないように、おうちの人にかならず設定してもらって。

インターネットを使うルールを決める

家族と話し合って、「1日どれくらい使っていいか」「メッセージのやりとりをしていいのはだれか」などのルールを決めよう。

パスワードをしっかり管理しよう

インターネット上で身分証の代わりになるのが「ＩＤ」と「パスワード」だよ。この「パスワード」をほかの人に知られると、あなたのフリをされてしまうんだ。

個人情報を守ろう

個人情報を知られると犯罪の被害に合うかも…

名前や住所、電話番号など、個人が特定できる情報を「個人情報」というよ。インターネットは世界中に情報を発信するものだから、個人情報が広まると、多くのトラブルをまねいてしまうんだ。たとえば、家の住所や学校がバレて、誘拐やストーカーの被害にあったり、たのんでもいないものが配達されるといったいやがらせを受けたり……。個人情報をインターネット上に発信するのは絶対にNG！

個人情報の例

生年月日
何歳の子なのかがバレてしまうよ。誕生日をパスワードにしている場合、予測されてしまう心配もあるんだ。

顔写真
大勢の知らない人に顔を知られると、トラブルに巻きこまれるかも。自分以外の顔写真も絶対のせないで！

位置情報
自分の居場所をむやみに発信するのはNG。また、風景写真などから居場所を予想されることもあるよ。

家族のこと
親が特定されると、悪い人が会社に電話をかけたり、きょうだいが誘拐されたりする危険があるよ。

そのほか、制服姿の写真やメールアドレス、家の窓から写した写真などから個人情報が特定されることがあるの！

大地震や自然災害

いつ起こるかわからないからこそ、しっかり備えよう！

　日本は、とても「地震」が多い国なんだ。地震はゆれが大きくなると、建物がこわれたり、津波や火災が起きたりと、すさまじい被害をもたらすことがあるんだ。「自然災害」には、大雨によって川があふれたり、街が水につかる「水害」や、がけがくずれてくるなどの「土砂災害」、竜巻、大雪などがあるよ。地震も自然災害も、カンペキに予測するのはむずかしく、いつ起こるかはだれにもわからない。だからこそ、避難グッズをそろえたり、家の安全性を見直して、災害に備えることが大切なんだよ。

おうちの人と話し合っておこう

　災害が起きたとき、どのような行動をとるべきか、家族と話し合っておこう。避難するのか、家にいたほうがいいか、津波警報が出たらどうするか、だれが防災グッズを持っていくか、ペットはどうするか……。また、地域の避難情報がのった「ハザードマップ」を確認して、避難所の位置をチェックしておくことも大切だよ。

ステキな女の子になる方法をたくさん紹介してきたけど…

絶対に覚えておいてほしいことがあるの

なーに？

それはね あなたの心と体は

あなただけのものだってこと

たとえば おうちの人や友だち、学校の先生であっても

あなたの意見を無視してあなたに何かをすることは許されないんだよ

えっ

207

友だちの言葉に
キズついたり

大人があなたの
話を聞いてくれなかったり
したときに

それを「仕方ない」
って思わないで
ほしいんだ

イヤなことは
はっきり伝えて
いいし

逃げたっていいの

あなたの味方を
してくれる人に
相談して

助けてもらって
ほしいな

監修 **木村リミ**（シェイプUP）

ボディクリエイター。ウエイトトレーニング、ヨガ、各種ダンスなどを取り入れた、独自のエクササイズを研究。東洋医学や栄養学を合わせて、健康で美しい体づくりを指導している。『女子中・高生のダイエット作戦』（大泉書店）など、著書・監修書多数。

STAFF

マンガ・キャラクター
池田春香

イラスト（掲載順）
ナカムラアヤナ、オチアイトモミ、うさぎ恵美、こかぶ、くずもち、莞乃るぅ、沖野れん

本文デザイン
片渕涼太（Haguruma.pepper.graphics）

DTP
島村千代子

編集
朽木 彩（株式会社スリーシーズン）

めちゃカワMAX!!
モデルみたいにかわいくなれるBOOK

2024年 7 月25日　初版発行
2024年10月 5 日　第2刷発行

著　　者　　めちゃカワ!! おしゃれガール委員会
発 行 者　　富　永　靖　弘
印 刷 所　　株 式 会 社 高 山

発行所　東京都台東区　株式　新 星 出 版 社
　　　　台東2丁目24　会社
〒110-0016　☎03（3831）0743

ISBN978-4-405-07386-9

BASIC

ファッション
きほん
用語辞典

特別
ふろく

GLOSSARY

ファッション用語の
きほんを覚えよう！

今さら聞けない？
用語をしっかり解説！

トレンドをおさえた最新のおしゃれが詰まっているファッション誌。
聞きなれない用語がたくさん出てきて困ってしまった経験がある子もいる
んじゃないかな？　この特別ふろくでは、ファッションにまつわる
基本的な用語を解説していくよ☆　アイテムや柄など、
おしゃれにまつわる言葉をマスターしちゃおう♪

クレジットの見方をマスター♡

ファッション誌を読むときに目にする「クレジット」。モデルや洋服の近くに小さく書いてある
ことが多いから、ぜひチェックしてみて。これは、服やアイテムの情報が書かれているんだ。

例

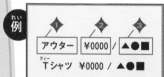

①	②	③
アウター	¥0000	/ ▲●■

Tシャツ　¥0000　/　▲●■

ブーツ　¥0000　/　▲●■

◆ ① アイテムの種類

◆ ② 価格
　　　税込の価格が書かれていることが多い。

◆ ③ 販売しているブランドの名前

クレジットについて理解できたかな？　クレ
ジットを確認することで、興味があるアイテム
のことをくわしく知れるの♪　ふだん見落とし
ている子は、ぜひチェックしてみよう！

きりとり線　✂

☞ **アウター** ◆OUTER

アイテム別に紹介♪
まずはトップスから！

カーディガン
毛糸であんだセーターのうち、前があいていてはおれるタイプのものだよ。

ジージャン
「ジーンズジャンバー」の略で、デニム素材のカジュアルなアウターのこと。

テーラードジャケット
スーツの上着のような、えりがついているデザインのジャケットのことだよ。

ライダースジャケット
レザー製の、丈が短めなジャケットのこと。ロックなコーデに挑戦したい子にぴったり！

ダウンジャケット
中に羽毛が入ったジャケット。丈が長いものは「ダウンコート」とよばれているよ。

ダッフルコート
厚手のウール素材のアウター。動物のキバのような形のボタンとフードが特徴だよ。

トレンチコート
ダブル仕立てと、ウエスト位置のベルトが特徴的なコート。大人っぽい印象になれちゃう！

チェスターコート
ノッチドカラーと呼ばれる、えりとポケットが特徴の長めの丈のコート。上品な雰囲気に♡

モッズコート
ミリタリーパーカーがモチーフになった、フードつきのコート。アースカラーのものが多いよ。

ノーカラーコート
カラーは「えり」のことをさすよ。NO えり……つまり、えりがついていないコートのこと。

ムートンコート
羊の毛皮、または似たような素材のコートのこと。中にもこもこがついているものが多いよ。

きりとり線 ✂

ファーコート
ふわふわとした、ファー素材の
コート。ガーリーテイストに挑戦
したい子におすすめ♡

ピーコート
厚手のウール素材の、ダブル仕
立てのコート。丈は腰くらいと、
短めのものが多いよ。

スタジャン
「スタジアムジャンパー」の略。
もともとは、野球選手が着るア
ウターのことだったんだ。

ブレザー
学校の制服などでも使われてい
るジャケット。プレッピーコーデ
に欠かせないアウター！

ブルゾン
短め丈で、腰にゴムやベルト、
ひもなどがついた上着のこと。ミ
リタリーコーデに◎。

ポンチョ
そでがなく、頭からかぶるように
着るタイプのアウターのこと。寒
すぎない秋の季節におすすめ☆

 トップス ◆TOPS

シャツ
前開きで、ボタンとえりがついた
トップス。きっちりした印象にな
るよ。

デニムシャツ
デニム生地をシャツに仕立て上げ
たもの。ボタンをあければ、春や
秋のアウターとしても使えるよ。

セーター
毛糸であんだトップスのことで、
冬にぴったり！「ニット」とよば
れることもあるよ。

Ｔシャツ
アルファベットの「Ｔ」の形をし
た、えりがついていないトップス
のこと。

ポロシャツ
えり付きの半そでシャツ。前立て
に1～3つほどボタンがついている
ことが多いよ。

ラグランＴシャツ
えりぐりからそで下にかけて、な
なめの切り替えが入ったＴシャ
ツ。スポーティーな印象に！

オフショルダー

ショルダーは「肩」。つまり、肩部分の布がついていないデザインのトップスのこと。

チュニック

腰からひざくらいまでの、丈が長めのトップスのこと。ボトムスを合わせて着るよ。

ブラウス

女性が着るトップスの総称。絹や綿などの素材で、やわらかい雰囲気のものをさすよ。

ジレ

そでがないトップスのこと。「ベスト」と呼ばれることも。中にシャツを着るのがおすすめ♪

キャミソール

細い肩ひもで吊るすタイプのトップス。インナーとして使ったり、Tシャツの上に着ることも。

タンクトップ

そでがなく、えりぐりが広いトップスのこと。インナーとして使うこともあるよ。

スウェット

綿のジャージー生地で作られたトップスのこと。「トレーナー」ともよばれているよ。

パーカー

フードがついているトップスのこと。とくに、スウェットをさすことが多い。

ジャージー

一般的には、伸び縮みする生地でできた、トレーニングウエアをさすよ。

ファッションMEMO

いろいろな生地を知ろう

たくさんの種類がある生地の中から、ほんの一部を紹介！
生地によって洗い方が異なるから、服についているタグをよく確認してね♪

ボア

動物の毛のようにモコモコした、毛足の長い生地のこと。

綿（コットン）

肌ざわりがよく丈夫で、衣類品の中でもっとも多く利用される生地。

サテン

なめらかな肌ざわりと光沢感をもつ生地。ドレスなどにも使われる。

フリース

ポリエステルの一種からつくられた生地。保温性や通気性がよい。

ウール

羊からとれる毛のこと。あたたかく保温性が高いのが特徴だよ。

レザー

革という意味で、バッグやジャケットに使用されることが多いよ。

☞ ボトムス（パンツ） ◆BOTTOMS／PANTS

ジーンズ
デニム生地でできたパンツのこと。カジュアルテイストの定番アイテムで、着まわし力も◎！

ワイドパンツ
太ももからすそまでが、ゆったりとしたシルエットになっているパンツのことだよ。

スキニーパンツ
脚のラインにぴったりの、細身のパンツ。スキニーは「ほっそりした」という意味だよ。

フレアパンツ
ひざ下からすそに向かって広がっていくシルエットのパンツ。昔はブーツカットとよばれたよ。

ショートパンツ
太ももくらいの長さの、短め丈のパンツ。春〜秋ごろにおすすめのボトムスだよ。

スカパン
スカートの中にインナーとしてパンツがついているもの。見た目はスカート！

サロペット
つりひもと胸あてがついたパンツ。作業着をベースにしていて、カジュアルなデザインが多いよ。

スウェットパンツ
綿のジャージー生地でつくられたパンツ。伸び縮みするから、体をしめつけないの。

サルエルパンツ
また下が深く、すそがしぼられたデザインのパンツ。ゆったりしていて動きやすいよ。

☞ ボトムス（スカート） ◆BOTTOMS／SKIRT

プリーツスカート
タテ方向に、折りたたんだプリーツ（ひだ）がついたスカート。学校の制服にも使われるよ！

シフォンスカート
透明感がある、うすい生地でつくられたスカート。ガーリーテイストにおすすめのアイテム♡

タイトスカート
ウエストから腰にかけてぴったりとフィットするシルエットのスカートだよ。

きりとり線

マーメイドスカート

フォルムがマーメイド（人魚）に似ていることからこの名がついた、すそが広がるスカート。

キュロット

見た目がスカートのようなパンツのこと。アクティブに動きやすいのがうれしい♪

マキシスカート

丈が長い「ロングスカート」のなかで、くるぶしよりも長い丈のアイテムをさすよ。

チュールスカート

チュールとは、刺しゅうが入ったレースのこと。このチュールレースが使われたスカート。

フレアスカート

ウエストからすそに向かって、朝顔のように広がるシルエットのスカート。

ジャンパースカート

ベストとスカートが一体になったスカート。「ジャンスカ」と略されることが多いよ。

 くつ ♦SHOES

スニーカー

布や革製の、そこがゴムになっているくつのこと。通学にも最適な定番シューズだよ。

パンプス

つま先やかかとがおおわれていて、甲が開いているくつをまとめてこうよぶよ。

サンダル

ひもやバンドで固定する仕組みの、足全体をおおわないくつをまとめてこうよぶんだ。

ロングブーツ

長い丈のブーツのこと。ひざがかくれるものは「ニーハイブーツ」とよぶこともあるよ。

ショートブーツ

くるぶし丈よりは長いけれど、ロングブーツほどの長さはない、足首がかくれる丈のブーツ。

ハイヒール

「高いかかと」という意味で、つま先より7cm以上高いヒールのくつをさすよ。

きりとり線

― ITEM DICTIONARY ―

スリッポン

ひもなどがなく、サッとはけるくつ。布製で、底がゴムのものをさすことが多いよ。

厚底スニーカー

足のウラ全体、かかとからつま先まで、底に厚みがあるタイプのスニーカーのこと。

モカシン

甲と側面をぬいあわせたU字型のスリッポン。革製でフリンジがつくものが多いよ。

ローファー

くつひもがついていない、革製のスリッポン。プレッピーテイストにぴったりのくつだよ。

ビーチサンダル

親指と人差し指の間にひっかける、ゴムやビニールなどでつくられたサンダル。

ウエッジソール

かかとがつま先より高いくつで、土ふまず部分がカットされていないもののこと。

 ☞ そのほか　◆OTHERS

オールインワン

上下がつながった服で、名前の通り、これ1着で全身をおおえるタイプの服のこと。

セットアップ

トップスとボトムスがセットでデザインされた服。1着ずつ着てもOKだよ。

ワンピース

トップスとスカートがつながった服のこと。ワンピースは「つなぎ」という意味の言葉だよ。

タイツ

腰からつま先まで、脚をぴったりとおおう厚手の素材のアイテム。寒さ対策におすすめ！

レギンス

タイツのなかで、つま先やくるぶし以降の布地がないもの。「スパッツ」とよぶことも。

ニーハイソックス

ひざ上まである長いくつしたのこと。短め丈のボトムスと相性がいいよ♪

🖙 チェック柄 ◆CHECK

柄を使いこなせば、おしゃれはもっと楽しくなる♪人気の柄を31種紹介！

アーガイルチェック
ひし形とななめの線でつくられた柄で、秋〜冬におすすめ。ダイヤ柄ともいうよ。

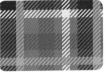

オーバーチェック
小さなチェックに、大きなチェックが重なったチェック柄。カジュアルな印象に！

ギンガムチェック
白などのうすい色をベースに、タテとヨコが同じ太さのラインでつくられたチェック柄。

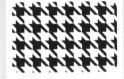

ハウンドトゥースチェック
日本では千鳥が飛ぶ姿に似ていることから「千鳥格子」とよばれる。黒×白のものが多いよ。

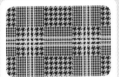

グレンチェック
細かい千鳥格子と、ストライプを組み合わせた柄。きちんと見せたいときに◎！

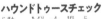

タッターソールチェック
白地に2色の線が交互に入ったチェック。プレッピーコーデと相性ばつぐん☆

タータンチェック
赤、緑、黄色などと、黒の糸でつくられているチェック柄。スコットランドの伝統的な柄だよ。

ガンクラブチェック
2色以上を使った格子の柄。イギリスの狩猟クラブで好まれたことが由来だよ。

ブロックチェック
2色の四角（ブロック）が交互に入った柄。日本では「市松模様」とよばれているよ。

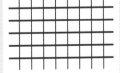

グラフチェック
方眼のように、細い線でつくられたチェック。シンプルで着まわしやすい柄だよ。

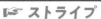 ☞ ストライプ ・STRIPE

シングルストライプ
2色のラインが同じ間隔で入った、もっともシンプルなタイプのストライプだよ。

ダイアゴナルストライプ
タテではなく、ななめ方向にラインが入ったストライプをまとめてこうよぶよ。

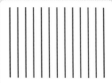

ピンストライプ
とても細いラインで書かれたストライプ。線が点になっているものをさすことも。

ブロックストライプ
太めの2色のラインが、交互に入ったストライプ。「ロンドンストライプ」とよばれることも。

ボーダー
タテではなく、ヨコ向きにラインが入っている柄の総称。カジュアルな印象に！

マルチカラーストライプ
3色以上の、さまざまな色、太さのラインでつくられているストライプのこと。

☞ ドット柄 ・DOT

コインドット
コインのような、やや大きめの円でつくられているドット柄のこと。

ピンドット
細かい点でつくられたドット。遠目では無地に見えることも。

ポルカドット
コインドットとピンドットの中間くらいの大きさの円のドット。

シャワードット
点の大きさや位置がランダムに配置された柄。ポップなイメージ♪

ファッションMEMO

柄にもトレンドがあるの♪　流行の柄ばかり買うと、短い間しか使えないかも！　流行に関わらず着られるボーダーや、ギンガムチェックなどの定番柄を持っていると、長い間着られるよ。

きりとり線

☞ アニマル柄　◆ANIMAL PRINT

ゼブラ
「シマウマ」をイメージした、白のベースに黒のしま模様のこと。近年のトレンドだよ☆

ダルメシアン
犬の「ダルメシアン」のような、白ベースにランダムな黒のまだら模様のこと。

レオパード
「ヒョウ」のようなまだら模様のこと。茶色以外にもいろいろな色があるよ。

パイソン
ヘビのような模様のこと。ちょっぴりリッチな雰囲気になれちゃう柄だよ！

ウシ
「ウシ」のような黒のまだら模様のこと。ダルメシアンよりも黒のまだらが大きいのが特徴。

いろいろな柄を知ると、おしゃれがもっと楽しくなるね★

☞ そのほか　◆OTHERS

花
名前の通り花を取り入れた柄の総称。季節にあった花を選ぶとちぐはぐにならないよ♪

レース
名前の通り、レースを使った柄の総称。ガーリーな雰囲気に挑戦したいときに♡

カモフラ
もとは、まわりから見つからないために軍服用につくられた柄。「迷彩」ともよばれるよ。

ノルディック
雪の結晶やトナカイ、もみの木などをモチーフにした、ノルウェーの伝統的な柄のこと。

ボタニカル
木の葉や茎、実などをモチーフにした柄のこと。花柄より大人っぽい印象になるの♪

ペイズリー
「松かさ」をモチーフにした、羽のような柄。「まがたま模様」とよぶこともあるよ。

きりとり線

〜50音順キーワード辞典♪〜

あ行

アースカラー

大地や木、空、海など「地球」をイメージする色のこと。とくに落ちついたブラウンやカーキなどの色をさすことが多いよ。

Iライン

シルエットのひとつで、アルファベットの「I」のようなタイトなラインのこと。

アウター

コートやジャケット、カーディガンなど、トップスの上からはおる服のこと。

アクセサリー

ネックレスやリング（指輪）、ブレスレット、イヤリングなど主役になる服を「かざる」ためのアイテム。

アクセントカラー

コーデを引きしめるためのアクセントになる色のこと。小物などを使ってポイントとしてとり入れると◎！日本では「差し色」と呼ぶこともあるよ。

アソートカラー

コーデするときに2番目に多く使う色のこと。ベースカラーを50%以上、アソートカラーは20〜40%くらい、アクセントカラーを10%以下にすると、まとまりがでるよ♪

アップデート

「更新する」という意味の言葉。ファッションでは、服や小物をよりおしゃれ＆イマドキにすることをいうよ。

甘め

ファッションでは、「乙女ちっく」や「かわいい」「ガーリー」という意味で使われることが多いよ！

甘辛MIX

甘さと辛さをほどよくミックスしたファッションのこと☆　ガーリーコーデにロックなレザーアイテムを合わせたコーデなどをさすよ。

アメカジ

スタイルのひとつで、「アメリカン・カジュアル」を略したもの。アメリカの大学生をお手本にしていて、ジーンズにチェックを合わせたコーデが代表的だよ。

Aライン

シルエットのひとつで、アルファベットの「A」のようなすそが広がったラインのこと。

Xライン

シルエットのひとつで、アルファベットの「X」のようなウエストをキュッとしぼったラインのこと。

エッジィ

個性的な、またはカッコいいファッションやコーデのこと。「エッジィなコーデ」「エッジの効いた」というように使うよ。

オーバーサイズ

ゆったりとしたサイズを着こなすこと。「ビッグシルエット」と同じ意味で使われることもあるよ。

オルチャン

日本では韓国風のファッションをさすよ。オーバーサイズやタイトなアイテム、ポップまたはモノトーンな色使いなど、統一感のあるコーデが特徴！

か行

ガーリー

ファッションでは「乙女ちっく」や「かわいらしい」という意味で使われるよ。

カジュアル

ファッションでは、「形式ばっていない」「ラフ（気軽な）」という意味で使われることが多いよ。

辛め

ファッションでは、「ボーイズライクな」「カッコいい」という意味で使われることが多いよ。

着まわし

アイテムの組み合わせを変え、コーデをちがう雰囲気に見せること。着まわしがうまくなると、少ないアイテムでもバリエーション豊かにみせられるよ♪

クール

ファッションでは、「大人っぽい」「カッコいい」という意味で使われることが多いよ。

くすみカラー

淡く、くすんだ色みのこと。落ちついた色なので取り入れると大人っぽくこなれ感のあるコーデになる。

コーデ

「コーディネート」の略でトップスやボトムスなど、洋服を組み合わせて着ること。

こなれ感

ファッションでは、「無理なく着こなしている」こと。つまり、一生けんめいにおしゃれしているように見えずにふだんから着なれている雰囲気に見えること。

きりとり線

さ行

サスペンダー
ズボンを固定するベルトのこと。サスペンダーは「ずぼん吊り」という意味だよ。

....

シースルー
「透けて見える」という意味で、名前の通り肌が透けて見えるデザインのこと。

....

試着（しちゃく）
アイテムを買う前に、ためしに身につけてみること。サイズや雰囲気が自分に合うかを確認するために必要だよ♪

....

シャーベットカラー
ひんやりした印象の、明るいシャーベットのような色。パステルカラーよりも涼しげな色みだよ！

....

シルエット
コーデでつくられた、全身のラインのこと。理想のスタイルに見せるには、3つのシルエット（28～31ページ）とその見え方を知ることが大切だよ。

....

スイート
「甘め」と同じ意味で使われるよ。

....

スタッズ
金属製の留め具のことだよ。ファッションでは、飾りとして使われるんだ。

....

ストリート
ストリート（路上）や街中で生まれるファッションのこと。カジュアルな雰囲気のコーデを指すことが多いよ。

....

スポーティー
ファッションでは、スポーツができるくらいの、動きやすくて、さわやかなテイストのことだよ☆

た行

タートルネック
首に沿って伸びた襟のこと。二重に折り返しのできる長さのあるもの。

....

タイト
ファッションでは、きつくて、体にぴったりとフィットしていること。

....

ダッドスニーカー
ダッド＝「お父さん」つまり、大人の男性がはくような厚底でボリューム感のあるスニーカーのこと。

....

ティアード
「段々につんだ」「重ねた」という意味。ファッションでは、フリルや布が重なっていて、すそに向かって広がる形のアイテムのこと。

....

テイスト
「ふんわりしていてかわいい」、「カラフルで元気いっぱい」などイメージごとに分けた服やコーデの系統のことだよ。

....

デニム
ジーンズなどに使われる生地のこと。ボトムスだけでなくシャツやアウターなどにも使われているよ。

....

トップス
上半身に身につける服のこと。Tシャツやシャツ、ブラウスなどをさすよ。

....

トリコロール
フランス語で「3色」という意味で、とくに赤、白、青の配色をさすよ。

....

トレンド
「流行」という意味の言葉だよ。ファッションでは、「はやっている」という意味で使われるんだ。

な行

抜け感（ぬけかん）
きちんとしていながら、ほどよく力が抜けていてリラックス感やナチュラルな雰囲気がある着こなしのこと。

....

ネオンカラー
蛍光系のカラーをまとめてこうよぶ。街でピカピカ輝く「ネオンサイン」のような、明るくあざやかな色をさすよ。

....

ネックライン
首まわりのデザインのこと。たとえば、アルファベットのVのような形のものは「Vネック」、首のまわりにそうようにえりが高くなっているものは「ハイネック」とよぶよ。

は行

ハイウエスト
ウエスト位置が通常より高い場所にあること。ボトムスやドレスなどで使われるデザインで脚長効果があるよ！

....

バイカラー
2色がならぶ配色のことだよ。

....

ハイネック
首にそって長くなったえりのこと。えりを折り返さずに着るものをさすよ。

....

バケットハット
バケツを逆さにしたような形の帽子のこと。

....

パステルカラー
にごりがない、あわく、やさしい色のこと。さくら色やラベンダー色など、白が混ざったような、やさしい色のことだよ。

きりとり線

パフスリーブ

肩やそでがふくらんだデザインの服のこと。とくにそでが短いものをさすことが多いよ。ガーリースタイルにぴったり！

ビタミンカラー

レモンやオレンジなどの柑橘系のくだものをイメージする色みのこと。とくに夏にぴったりのカラー☆

ビビッドカラー

あざやかな色みをまとめてこうよぶ。ビタミンカラーやネオンカラーもここにふくまれるんだ。

ピンナップガーリー

この本で紹介したクラシックガーリーテイストよりも古い1950年代に流行ったファッションのこと。オフショルダーやミニスカートなどでまとめた、ガーリーでちょっぴりセクシーなテイストをさすよ。

フェミニン

ガーリーよりも大人っぽい雰囲気のことをいうよ。

Vネック

えりあきがV字形のシャツ。

Vライン

シルエットのひとつで、アルファベットの「Y」のような上半身にボリュームがあるラインのこと。

フリル

布をしぼってひだ状にしたもの。服のすそぎわり、そでなどにかざりとして付けられるよ。ガーリーなコーデにぴったり♪

フリンジ

糸やひもを垂らしたかざりのこと。

プレッピー

学校の制服をモチーフにしたコーデのことだよ。Vネックカーディガンやローファーなどのスクール風アイテムを使うと◎！

ペールトーン

あわい雰囲気の色のこと。

ベレー帽

丸く平らで、つばやふちのない帽子。ウールやフェルトなどのやわらかいそざいが多いよ。

ボーイズライク

「少年っぽい」という意味。ファッションではキャップやジーンズなどでまとめたテイストのことをさすよ。

ポップ

ファッションでは「はっきりした色みの配色」や「ごちゃまぜの」という意味をもつよ。あざやかなカラーを使ったカラフルで元気なテイストを「ポップテイスト」というよ！

ボトムス

下半身に身につける服のこと。ジーンズやスカートなどをさすよ。

ま行

マリン

水兵をイメージした、海によく合うさわやかなスタイル。トリコロールやセーラートップスが定番アイテムだよ。

ミリタリー

軍隊の制服をモチーフにした、カッコいいスタイル。カモフラ柄やアースカラーを使ってまとめてみよう！

モノトーン

一般的には、黒、白、グレーなどの色こと。色みを入れずに黒や白でまとめた着こなしだよ。

ら行

ライク

ファッション誌などでは「〇〇のような」という意味で使われているよ。たとえば、ボーイズライクは「男の子のようなという意味♪

レイヤード

「重ねる」という意味の言葉で、ファッションでは重ね着を取り入れたコーデをさすよ。

レース

糸をあんで、「すかし模様」をつくり、布状にしたもの。フリルとならんで、ガーリースタイルのマストアイテムだよ♡

レトロ

1960年代に流行ったようなちょっぴり昔風のスタイルのこと。柄ワンピやカラータイツをとり入れると◎！

ロック

レザージャケットやスカル、チェーンがついた小物など、ロック歌手をイメージしたテイストやアイテムのことだよ。

わ行

ワントーンコーデ

全身を同じくらいの明るさや色みで統一したコーデのこと。